LA SAINTE LIGUE,

OU

LA MOUCHE.

TOME TROISIÈME.

IMPRIMERIE DE A. BARBIER
RUE DES MARAIS-S.-G. N. 17

LA
SAINTE LIGUE,
OU
LA MOUCHE,

POUR SERVIR DE SUITE AUX ANNALES DU FANATISME, DE LA SUPERSTITION ET DE L'HYPOCRISIE.

PAR PIGAULT-LEBRUN,

MEMBRE DE LA SOCIÉTÉ PHILOTECHNIQUE

TOME TROISIÈME.

PARIS.
J.-N. BARBA, ÉDITEUR,
GALERIE DE CHARTRES, DERRIÈRE LE THÉATRE FRANÇAIS.
G.-E. BARBA FILS, ÉDITEUR,
RUE DE SEINE, N. 35

1829.

5266

LA SAINTE LIGUE,

OU

LA MOUCHE.

CHAPITRE PREMIER.

Suite de la rencontre de Colombe

COLOMBE arriva ici à la pointe du jour qui suivit son évasion de Saint-Junien. Elle se présenta à la porte du couvent des Augustines, et demanda à parler à la supérieure. Elle lui déclara qu'elle était veuve d'un époux qu'elle adorait ; que Dieu seul pouvait le remplacer dans son cœur ; qu'elle voulait se consacrer à lui ; mais qu'elle ne pouvait donner de dot. Elle ajouta qu'elle entendait très-bien tous les ouvrages de femmes, et qu'elle chantait passablement. La supérieure la fit entrer dans l'intérieur du couvent. et mit aussitôt ses talens à l'épreuve.

« Au fait, André, au fait par grâce.
» — Hé, j'y arrive, Monsieur. »

La bonne dame fut enchantée de sa voix, et lui proposa de prendre l'habit de novice. C'était l'objet de ses vœux les plus chers. On monta, on apprit des morceaux d'ensemble, où on lui ménagea des *solos* brillans. On les essaya devant une nombreuse assemblée, et l'effet en fut étonnant.

La supérieure lui représenta que,

pendant un noviciat de six mois, ses dispositions pourraient changer ; qu'une néophyte, qu'on reçoit sans dot, ne peut manger gratuitement le pain de saint Augustin, et aller ensuite en demander ailleurs. Elle lui proposa de prononcer ses vœux. Colombe regarda cette proposition comme une faveur insigne. On demanda des dispenses à l'évêque, qui les accorda, et le serment de renoncer au monde fut reçu, avant-hier, par ce prélat.

« André, mon cher André. ses vœux » sont nuls, puisque je vis, et qu'elle » s'était donné à moi au pied des autels. » — C'est une observation que j'ai fait » faire à la supérieure. — Hé, qu'a-t-» elle répondu ? — Que cette affaire n'é-» tait pas de son ressort, et qu'elle re-» gardait uniquement monseigneur. » — Courons à l'évêché. — Un mo-

» ment donc, Monsieur. J'ai été lui de-
» mander une audience, et elle m'est
» accordée pour quatre heures. —
» Quelle heure est-il? — Je ne le sais
» pas précisément. — Tu ne le sais pas,
» et tu es d'une tranquillité qui me tue!
» Si le moment passe, quand le retrou-
» verons-nous? — Comment, nous? —
» Oui, oui, je t'accompagnerai. Il est
» tout simple qu'un mari qui réclame
» sa femme, porte la parole. — Et
» pour peu que vous éprouviez quelque
» difficulté, votre tête se montera;
» vous ferez de nouvelles extravagances,
» et vous détruirez tout l'effet de mes
» soins. » Quatre heures sonnèrent à
l'horloge de la cathédrale.

Je fis un effort violent; je me dégageai des mains d'André; je pris ma course; il courut sur mes pas. « Au
» nom de Dieu, arrêtez-vous. — Je

» veux entrer à l'évêché avec toi. — » Hé bien, j'y consens. Mais tâchez de » vous posséder. — Tu vois que je me » possède. » Je sentais, en effet, la nécessité de paraître maître de moi.

Monseigneur nous attendait, assis dans son grand fauteuil. Il nous donna sa bénédiction. Ah! pensais-je, c'est un saint homme ; il me rendra ma femme. Cette idée me calma autant qu'il le fallait pour que je parusse tranquille. Le prélat nous demanda ce que nous voulions.

André lui expliqua notre affaire clairement, et en peu de mots. Il dit que l'amour malheureux avait altéré mes facultés intellectuelles, et que le seul moyen de les rétablir était de me remettre dans les bras de mon épouse. Il craignait, avec raison, quelque trait d'exaspération de ma part, et la démence fait tout excuser.

Je pris la parole à mon tour. Je représentai humblement à monseigneur que Colombe n'avait fait qu'un noviciat de huit jours, et que les lois du royaume en fixent la durée à six mois. « Vous devez savoir, me répondit le » révérendissime, que le saint Père » est au-dessus des rois, et par conséquent, des ordonnances qui émanent » d'eux. Or, je représente Sa Sainteté » dans mon diocèse, et j'ai pu donner » à la supérieure des Augustines, la dis» pense qu'elle m'a demandée. » Je n'avais pas à répondre à un argument de cette force-là. Mais je crus avoir trouvé le moyen de le tourner en ma faveur.

« Sans doute, notre saint Père a le » droit de lier et de délier, et monsei-

» gueur, qui le représente, peut ré-
» voquer les vœux qu'il a reçus. — Je
» m'en garderai bien. Rendre au monde
» une jeune religieuse, dont la figure
» et le chant angéliques font tous les
» jours des conversions ! Réfléchissez,
» jeune homme, et vous sentirez que
» cela n'est pas possible. » Ici, mon
sang commença à s'allumer de nouveau.

« La sœur Sainte-Colombe, pour-
» suivit le prélat, a suivi l'exemple
» d'Héloïse. Prenez Abailard pour mo-
» dèle; choisissez un couvent d'hommes,
» et je vous accorderai les dispenses qui
» ont facilité l'entrée en religion de
» celle que vous réclamez. » La proposition de l'évêque me parut être une plaisanterie du plus mauvais goût. Je n'avais rien de commun avec Abailard, et j'espérais bien ne lui ressembler

jamais. Je me contins encore, et j'essayai la force d'un raisonnement qui me paraissait sans réplique.

« Un engagement antérieur, sacré.
» irrévocable, dis-je au révérendissime,
» rompt nécessairement tout acte pos-
» térieur, qui est en opposition avec
» le premier. Colombe est mon épouse. »
Je tirai, de mon escarcelle, mon acte de mariage.

« Un mariage fait à Benon, dit-il
» avec dédain, à deux lieues de la Ro-
» chelle, centre des plus abominables
» erreurs! Ne sentez-vous pas, jeune
» homme, que le prêtre qui a cru vous
» bénir, respirait les miasmes de l'hé-
» résie, en était infecté. les rendait par
» tous ses pores? d'ailleurs, je ne con-
» nais pas de mariage, sans publication
» de bans à l'Église. »

J'étais déjà furieux. L'évêque allait

déchirer mon acte. Je m'élançai sur lui. André me fit faire une volte, et m'envoya à l'extrémité de la salle. Mon acte était en morceaux.

Je m'emportai, je menaçai, je jurai, je crois, pour la première fois de ma vie. Que mon patron me le pardonne. André me tenait; l'évêque sonnait à rompre tous les cordons; sept à huit jeunes clercs accoururent, et s'emparèrent de moi.

« Comment, dit l'évêque à André, » avez-vous osé m'amener ce furieux? » — Monseigneur, j'ai fait de vains ef- » forts pour l'arrêter. — Qui êtes-vous? » d'où venez-vous? — Ce jeune homme » est le petit-fils du grand Antoine de » Mouchy. — En vérité? — Oui, mon- » seigneur. L'amour malheureux a al- » téré sa raison, ainsi que j'ai eu l'hon- » neur de vous le dire, et je le conduisais

» à l'hospice de Montmorillon. Nous » sommes arrivés hier à Saint-Junien. » Il était tranquille, et je lui faisais » prendre l'air aux environs de la ville. » Tout à coup, une crise violente se » déclare; il fuit à travers les champs; » je ne veux pas le perdre de vue; il » m'est par conséquent impossible de » retourner prendre sa voiture et ses » mules. Je suis contraint de le suivre, » et il ne s'arrête qu'à Limoges. Votre » grandeur sait le reste. — Je vous don- » nerai une voiture, et des hommes » sûrs, qui vous conduiront jusqu'à » Saint-Junien; mais je vous déclare » que si vous reparaissez à Limoges, je » vous fais jeter dans les prisons de » l'officialité. »

Un quart d'heure après, des archers parurent, et me mirent les fers aux pieds et aux mains. André soutenait son rôle, en leur aidant avec un zèle apparent. Il me fallut subir cette humiliation. Bientôt on me porta dans une charrette couverte, et nous prîmes la route de Saint-Junien.

Un accablement profond succéda aux transports violens, qui m'avaient agité, pendant presque toute cette funeste journée. Il n'est pas dans les forces humaines de les supporter plus long-temps. Il faut qu'ils cessent, ou que le malheureux, qui en est attaqué, perde la vie. Je devais vivre encore.

Nous arrivâmes à Saint-Junien, et André fit arrêter la charrette à la porte de la ville. « Je réponds de lui maintenant, dit-il à mes gardes. » Il leur donna quelques écus; ils m'ôtèrent mes fers, et reprirent le chemin de Limoges. André me prit sous les bras : je ne pouvais me soutenir. Nous entrâmes chez notre hôte. Il était nuit.

Mon excellent, mon fidèle André, mon unique ami, me fit coucher. Il m'apporta un potage succulent. Bientôt j'oubliai mes maux dans les bras du sommeil. André approcha un fauteuil de mon lit, et me veilla jusqu'au jour.

Mon réveil me rendit au souvenir de mes peines; mais j'étais d'une faiblesse extrême, et je ne pouvais faire un mouvement. André, tranquille, parce qu'il était maître de moi, essaya de ramener l'espérance dans mon cœur.

Il me parla d'abord du danger imminent, où je m'étais exposé à Limoges. Troubler l'office divin; essayer d'arracher la grille du chœur d'un couvent de filles; saisir un évêque au corps, dans son propre palais, étaient des crimes, contre lesquels, disait-il, les lois divines et humaines se seraient infailliblement soulevées, s'il n'eût eu l'heureuse idée de me faire passer pour fou. Je sentis que son intelligence et son affection m'avaient seules soustrait à une mort infamante.

« Colombe, Colombe, dis-je d'une » voix presqu'éteinte, est restée à Li- » moges ! elle m'a reconnu ; elle s'est » évanouie ; peut-être à présent a- » t-elle cessé de vivre. — Monsieur, » une femme aimante soupire, pleure, » et ne meurt pas. — Hé, pourquoi » vivre l'un et l'autre, si nous sommes » séparés sans retour !

» — Sans retour ? Pourquoi cela, » Monsieur ? La paix se fera à Berge- » rac, parce que la cour a besoin des » princes calvinistes. Ce qui leur pa- » raissait devoir la rendre solide, il » y a quelques jours, est précisément » ce qui en abrégera la durée. Le duc

» de Guise est intéressé à fomenter des » troubles, à la faveur desquels il es- » père percer jusqu'au trône. Il est » vraisemblable qu'il aura enjoint au » comte de Montpensier d'accorder » aux réformés des conditions telles, » qu'il puisse, à son gré, soulever les » catholiques contr'eux. — Hé, que » m'importe la paix ou la guerre! — » Vous ne le voyez pas? Vous avez » conservé votre brevet de capitaine. » Vous demandez, vous obtenez une » compagnie. Vous entrez dans le Limou- » sin; vous vous joignez aux ligueurs que » vous rencontrez sur votre route. Vous » leur soufflez l'ardeur du pillage, ce qui est très-facile; vous en savez quelque » chose. Vous leur vantez les richesses » que renferme Limoges; vous détermi- » nez le général à y entrer en ami, ou en » ennemi. Pendant qu'on pille la ville, » vous forcez le couvent des Augus-

» tines avec votre compagnie.... — Je » délivre, j'enlève ma Colombe. — » C'est bien cela. — Mais voudra-t-elle » me suivre? — Oui, parce que son » cœur est à vous. — Mais mon acte de » mariage est déchiré. — Elle sait qu'il » a existé. — L'évêque, la supérieure » lui auront représenté que son pre- » mier engagement était nul, parce » qu'il n'a pas été précédé des forma- » lités voulues par l'Église. — Vous lui » demanderez pourquoi un évêque » instruit déchire un acte qu'il croit » être sans valeur. — Effectivement, » André,.... je conçois.... Oui tout » cela peut se réaliser. — Et se réalisera.»

Il ne faut qu'un rien pour briser un cœur sensible; un rien y rétablit l'espoir et la paix. Je recommençai à vivre dans l'avenir.

Un sentiment, long-temps concentré, se ranime facilement, et il y a de l'adresse à l'opposer à celui qui paraît être le grand dominateur. Il faut, nécessairement, que le premier modère le second.

« Monsieur, me dit André, vous » avez fait part à votre mère de la » mort de son époux. Mais depuis » cette époque, vous êtes-vous oc» cupé un moment de celle à qui » vous devez la vie; qui vous a élevé » avec la plus vive tendresse, qui vous » a inspiré ces sentimens de piété, » qui peuvent adoucir vos chagrins, et » vous faire attendre une meilleure » vie, s'ils doivent durer autant que » vous? Un amour forcené vous a fait » oublier la nature, et ces sentimens » doux, qui ne causent jamais d'inquié» tude, et qui jamais ne laissent de » regrets. Peut-être votre tendre mère,

» infirme, malade, prête à expirer. » vous appelle en ce moment. Peut-» être-vous croit-elle mort dans les » sentimens qu'elle vous a inspirés, » et vous prie-t-elle de la recommander » aux puissances célestes.. . Vous vous » attendrissez, Monsieur; vos yeux se » remplissent de larmes.... Il est vrai » que je viens de prêcher comme un » missionnaire, et, en vérité, je ne » m'en croyais pas capable.

» — André, mon cher André, un » homme tel que toi n'est pas fait pour » me servir. Sois mon ami, et le con-» fident désintéressé de mes peines et » de mes plaisirs. Mettons en commun » ma petite fortune, et ce que j'ai à » réclamer de la succession de mon » père.... — Ainsi, Monsieur, nous » partirons pour Étampes, quand vos » forces seront rétablies. — Je voudrais.

» André, qu'elles le fussent déjà. Que » de torts j'ai à réparer ! — Une mère » est toujours disposée à les oublier. » — Je tomberai aux pieds de la » mienne. — Elle vous pressera sur » son sein. — Je mouillerai ses joues » de mes larmes. — Elle y mêlera les » siennes. — Je lui prodiguerai mes » soins. — Avec quelle satisfaction elle » les recevra ! — Nous achèterons en- » suite ce petit bien, unique objet de » mon ambition. — Et nous y philo- » sopherons, jusqu'à ce que la guerre » civile se rallume de nouveau.

» André, je me sens en état de par- » tir. — Monsieur, je vous demande » deux jours. — Je veux partir, te » dis-je. — Monsieur, on ne dit pas je » veux à son ami. — Tu as raison. » André. Allons. je t'accorde deux » jours. »

CHAPITRE II.

Depart pour Etampes. André fait une rencontre imprévue.

Nous apprîmes à Argenton que la paix était signée à Bergerac, et ratifiée à Poitiers, par le roi. Les huguenots de Châteauroux nous firent connaître les conditions du traité. Il confirmait les avantages qu'ils avaient obtenus par la paix de Sens. Il leur assurait la possession de toutes leurs places de sûreté : c'était laisser exister un état indépendant dans l'État. Les chambres des parlemens devaient être composées, indistinctement, de catholiques et de réformés : c'était un moyen certain d'irriter les catholiques de toutes les classes. Un article important de ce traité portait la suppression des processions instituées pour célébrer l'assassinat du prince de Condé à Jarnac, et le massacre de la Saint-Barthelemy.

Une Religion simple ne suffit pas au peuple, disait André. Il faut des cérémonies qui parlent aux yeux. Les moines souffleront le fanatisme, et la cour sera obligée de purger les parlemens, et de rétablir les processions. Si elle résiste, la ligue reprendra les armes ; si elle cède, les protestans recommenceront la guerre; ainsi, de quelque manière que tournent les choses, une rupture prochaine est inévitable.

André avait soin de varier la conversation. La variété éloigne l'ennui, et souvent les réflexions tristes. Il savait être intéressant, quelque sujet qu'il traitât. Le hasard m'avait présenté un valet; ma bonne fortune m'avait donné un ami.

Nous avancions vers Étampes, parlant de tout, et n'approfondissant rien. Certains cabaretiers commençaient à établir des lits à l'usage des voyageurs. On ne trouvait encore chez eux que du pain et du vin; mais les marchés se rouvraient à la faveur de la paix. Chacun allait y acheter ce qui lui convenait, et revenait faire cuire ses provisions au cabaret. Cela était, ordinairement, assez mal apprêté; mais au moins, on était sûr de ne pas mourir de faim, et de ne pas coucher dans les champs.

Nous venions d'entrer à Montargis: André alla faire son tour de marché, et revint bientôt avec des légumes et une oie grasse. « Allons, allons. Mon-
» sieur, de la gaieté, voilà de quoi faire
» bonne chère, si j'ai autant de talent
» en cuisine aujourd'hui, que j'en
» ai marqué peu jusqu'à présent. Je
» vais vous faire un potage, dans le-
» quel la cuiller tiendra debout. Je
» ferai rotir notre oie. Nous en man-
» gerons une moitié à notre dîner, je
» mettrai l'autre dans notre voiture,
» et demain nous la croquerons, en
» cheminant et en jasant. »

Il trouve un chauderon sous sa main, et de l'eau au puits; voilà de quoi faire la soupe. Une poignée de sel et un peu de la graisse de notre oie la rendront excellente. Il métamorphose un bâton en broche. et notre cuisine est montée.

En allant, en venant, en faisant ses dispositions, il me contait des historiettes, plus ou moins plaisantes. L'hôte, l'hôtesse, leurs enfans écoutaient, la bouche et les yeux ouverts, autant que la nature les leur avait fendus. « Ah! monsieur André, s'écria » enfin maître Jacques, vous étes fin » cuisinier, et grand conteur. Si vous » vouliez passer du service de M. le ca- » pitaine au mien, vous feriez la for- » tune du *Sabot royal*, et je vous don- » nerais moitié dans les bénéfices. » André lui répondit par un apologue, fort bien trouvé, qui prouvait que celui qui s'associe à plus fin que lui est un sot.

Maître Jacques répliqua par une profonde révérence, et les contes recommencèrent. « Parbleu, Messieurs,

» nous dit-il, pendant que nous dî-
» nions, vous devriez aller à la comédie.
—On joue la comédie à Montargis! —
» Certainement, Monsieur.—Où cela?
» —En plein vent. Il y a là un gilles, qui
» est bête à faire plaisir; un scaramou-
» che qui est un fin matois, et une co-
» lombine! ah quelle colombine! elle
» est blanche comme du lait, grosse
» comme une tour, et elle danse la sa-
» botière avec la légèreté d'un oiseau.
» Elle a tout plein de mots, à double
» entente, qui nous font rire, mais
» rire!... Allez la voir, Messieurs. Vous
» en serez si contens que vous ne pour-
» rez vous dispenser d'acheter une fiole
» de son baume.

» —Hé bien, Monsieur, avez-vous
» un peu dîné? — Très-bien, mon ami
» André. — C'est un grand cuisinier
» qu'un bon appetit, car, en vérité, je

» vous ai fait faire maigre chère? Voulez-vous, à présent, que nous allions » voir danser la sabotière à Colombine? — Je le veux bien, mon ami » André. »

Sur la grande place de Montargis était élevé un théâtre, qu'on apercevait à soixante pas de distance. Huit futailles vides soutenaient les deux plus grandes tables du cabaret voisin. Des cordes, tendues sur des pièces de bois fixées en terre, soutenaient des décorations que le soleil, le vent et la pluie avaient rendues à peu près méconnaissables. André, grand connaisseur, prétendit qu'elles avaient représenté une forêt. Il me jura qu'il distinguait parfaitement la queue d'un tigre, dont le corps avait disparu. « Ainsi, Monsicur, me dit-il, la scène est à la fois » en Afrique, et sur la place de Montar-

» gis. » L'avant-scène était garnie de petites bouteilles, très-artistement rangées dans des hottes. Un caustique de la ville, il y en a partout, disait à la race moutonnière qui l'entourait, que les médecins permettaient le débit des drogues malfaisantes, pour multiplier les maladies, et avoir ensuite l'honneur et le bénéfice de les guérir.
» Mais les guériront-ils, lui demanda An-
» dré. —Ma foi, Monsieur, d'un empi-
» rique breveté à un empirique qui ne
» l'est pas, la différence est de bien peu
» de chose, et quand un malade meurt
» dans les règles, on l'enterre égale-
» ment, et il n'en est plus question. Ses
» héritiers rient ou pleurent, et ne ré-
» clament jamais. »

Le spectacle commença. Scaramouche vint faire un discours qui n'avait pas le sens commun. Gille vint dire des balourdiscs. Colombine accourut, et lui appliqua cinq à six soufflets. avec une grâce toute particulière. Elle prit ensuite la parole, et parla... Elle parla de manière à persuader tous les habitans de Montargis de se purger, le soir même, avec son baume.

André murmura d'abord, entre ses dents. « Monsieur, me dit-il bientôt, » je ne suis pas à mon aise ici; allons » nous-en. — Et la sabotière, mon ami? » — Oh, ma foi, Monsieur, voyez-là » danser, si cela vous convient. Moi, » je retourne chez maître Jacques. »

Déjà Scaramouche avait crié trois fois, silence, d'une voix de stentor; déjà Colombine s'était arrêtée au milieu de sa péroraison. André s'éloignait, ainsi qu'il me l'avait dit.

Tout à coup, Colombine s'élance; elle renverse, en sautant, la table qui soutient sa fortune; pas une fiole n'est entière. Le précieux médicament sillonne les figures de ceux que l'amour des arts a poussés jusqu'au bord du théâtre; ils font une grimace à faire reculer le duc de Guise. Gille et Scaramouche s'arrachent les cheveux. Colombine fend la presse, et saisit André par son manteau. « Je te le laisse, madame » Putiphar. lui dit-il ; fais-en un haut- » de-chausses à ton Scaramouche, » et il court comme s'il avait cinquante huguenots derrière lui. Je commençais à prévoir une reconnaissance théâtrale, et je courus à mon tour, pour ne pas manquer le dénouement.

André était rentré chez maître Jacques, et Colombine le suivait de près. Il traverse la maison; entre à l'écurie; se tapit sous nos mulets, et attend, pelotonné dans la litière, ce qu'il plaira au destin d'ordonner de lui. Colombine ne le quitte pas; c'est la Vénus moderne acharnée sur sa proie.

« Mon cher André, mon cher petit » mari, peux-tu méconnaître, repousser ta Villelmine ! — Ma Villelmine ! » elle est belle à présent. — Belle ou » non, je suis ta femme. — Et celle de » qui, depuis la journée de la Saint-» Barthelemy ? — Ah, mon ami, c'est » une terrible chose que l'indigence ! » — Et tu disais tout à l'heure que tu ne » vends des drogues que par amour de » l'humanité. — Ce sont des contes, qui » ont la propriété de faire des dupes. »

Ils s'étaient relevés, et ils continuèrent leur conversation conjugale dans une position un peu plus commode.

« Te voilà mis comme un prince, » donc tu es riche. Souffriras-tu que » ta femme soit comédienne de plein

» vent?—Qu'elle soit ce qu'elle pourra.
» — Cette Villelmine, qui a partagé ta
» couche! — Elle n'y rentrera, sacre-
» bleu, pas.—Mon petit André! mon
» cher André! — Ma grosse dondon,
» va-t-en à tous les diables. —C'est ton
» dernier mot? — Absolument. »

Quelques apostrophes, plus ou moins énergiques, se firent entendre, pendant qu'André, pressé de quitter cette ville de malheur, mettait nos mules à la voiture. « Ah! tu veux t'éloigner de
» moi, m'abandonner, quand il ne me
» reste pas une goutte de mon baume!
» coquin, scélérat, monstre! je vais
» t'arracher les yeux. » D'un tour de main, André l'envoie au fond de l'écurie. « Frapper une femme, et la sienne
» encore! Au secours, au voleur, à
» l'assassin! »

Les spectateurs étaient déjà nombreux. Les cris de Villelmine attirèrent la foule. Cette scène me déplaisait fort. Cependant je restai impassible, persuadé que les querelles de ménage ne regardent pas le public. Les deux archers, spécialement chargés de protéger le spectacle, intervinrent dans cette affaire. Elle commençait à s'embrouiller, et je ne jugeai pas à propos de la compliquer davantage, en coupant la figure à ces deux drôles-là.

Ils notifièrent à André qu'il fallait qu'il les accompagnât chez M. le bailli, qui, seul, pouvait prononcer dans une cause aussi délicate. Je conseillai à André de ne pas se révolter contre les suppôts de la justice. « Ah, parbleu, » me dit-il, c'est bien assez pour moi » d'avoir affaire à ma femme ! »

Au milieu de notre marche, deux avocats et deux procureurs se rangèrent près des époux. Ils déclarèrent qu'ils entendaient occuper, une couple pour la plaignante, une couple pour le mari. Il est à remarquer qu'aucun des quatre ne connaissait l'état de la cause. Mais les gens de loi, comme les corbeaux, cherchaient partout alors une curée.

Monsieur le bailli reçut, avec beaucoup de dignité, les partis et leurs défenseurs. Les procureurs s'assirent, tirèrent leurs écritoires de poche, et barbouillèrent chacun quatre lignes en façon de requête, qu'ils présentèrent humblement au magistrat. Les avocats toussaient, crachaient, s'essuyaient la bouche, se préparaient à parler, et ils ne savaient encore de quoi il était question.

Monsieur le bailli fit aux parties les questions, et les interpellations d'usage, et procureurs et avocats surent que Colombine était la femme légitime d'André; qu'elle voulait ravoir son mari, et que son mari ne voulait pas la reprendre. « Mais, lui dit le bailli, » vous lui avez promis protection. — » Oui; mais elle s'est fait protéger par » d'autres. D'ailleurs, elle m'a promis » fidélité.... Et elle n'y a jamais man- » qué, s'écria son avocat. — Qu'en » savez-vous, Monsieur le braillard? — » Voyez cet air de candeur, ces yeux » baissés, cette modeste rougeur. S'il » est vrai que la figure soit le miroir » de l'âme, quelle âme est plus pure » que celle de Colombine ? »

L'avocat d'André allait répondre. « Je ne vous ai pas requis, lui dit mon » philosophe, ni le procureur, si em- » pressé d'écrire. Je déclare à M. le » bailli que j'entends plaider ma cause

» moi-même, et personne ne peut m'en » contester le droit. Il a raison, dit le » juge. » Aussitôt le procureur d'André remet son écritoire dans sa poche, son avocat retrousse sa robe, et tous deux se retirent, après avoir fait au magistrat une profonde révérence.

« S'il est vrai, dit André, que le vi» sage soit le miroir de l'âme, contem» plez, Monsieur le bailli, ce sourcil » qui monte, cet autre qui descend; » ce teint enflammé, cet œil furibond, » ce nez barbouillé de tabac, et jugez » quelle âme doit loger sous cette en» veloppe-là.

» Monsieur le bailli, reprit l'avocat » de Colombine, je conviens que j'ai » un peu exagéré les charmes de ma » cliente; mais il est indifférent au » fond de l'affaire qu'elle prenne du » tabac, et que ses sourcils ne soient

» pas sur la même ligne. Je concluerai » même des petits désagrémens, qu'un » mari cruel lui reproche, qu'ils sont » les garans de sa fidélité. Or, si elle » a tenu ses engagemens, rien ne peut » dispenser ma partie adverse de tenir » les siens, et je demande qu'ils soient » remis dans les bras l'un de l'autre.

» — Avocat opiniâtre et entêté, je sou- » tiens que Colombine a rompu, pul- » vérisé, anéanti tous les nœuds qui » l'attachaient à moi. — La preuve de » cela? — Hé, parbleu, en peut-on » donner de pareille chose? Elle n'a » pas toujours été mal bâtie et laide. » Qu'aurait-elle fait, depuis vingt ans » qu'elle court le monde? »

« Des enfans, dit maître Jacques. » Il s'intéressait à nous, et pendant qu'on criaillait en présence de monsieur le bailli, il avait été prendre des informations. Colombine vivait tout-à-fait conjugalement avec Scaramouche, et deux enfans se roulaient dans la grange qui leur tenait lieu d'hôtellerie.

« Voilà des preuves, avocat. Qu'a-
» vez-vous à leur opposer? Exigerez-
» vous que je reprenne Colombine, et
» que je me charge des fils de monsieur
» Scaramouche? Ménélas mit Troie en
» cendres, pour reconquérir son épouse
» infidèle; je brûlerais Montargis pour
» me défaire de la mienne. »

« Avocat, dit le bailli, votre cause
» n'est pas soutenable. Je mets les
» parties hors de cour, avec défense à
» Colombine de troubler à l'avenir le
» repos du sieur André. — Et mes dé-
» pens, Monsieur le bailli? — Votre
» partie les paiera. — Ah, Monsieur le
» juge, vous me condamnez aux dé-
» pens? cela est très-facile; mais me

» faire payer, tudieu, je vous en défie,
» car je n'ai pas un sou. »

André m'avait souvent donné de bons conseils; je devins l'homme raisonnable à mon tour.. Je le tirai à part. « Villelmine est dégradée, lui dis-je;
» mais elle a fait ton bonheur pendant
» quelque temps; tu ne dois pas l'ou-
» blier. — Si ce coquin de mendiant
» n'avait pas enlevé ma valise, je la
» donnerais toute entière à Villelmine,
» pour n'entendre plus parler d'elle.
» Si je n'avais vidé ma bourse, ma
» dernière ressource, dans le tablier de
» ma belle-mère.... — En voici une
» pleine; conduis-toi en homme de
» bien. »

André s'exécuta de fort bonne grâce. Le juge lui en témoigna sa satisfaction, et il fit apposer la croix de Villelmine au bas d'un acte, par lequel elle renonçait, et pour cause, à tous ses droits sur son mari. L'avocat cria; je lui donnai deux écus à partager entre lui et le procureur. Il nous salua d'un air tout-à-fait gracieux, et disparut. Colombine retourna à ses petits Scaramouches; nous allâmes remercier et payer maître Jacques. Dix-minutes après, nous étions sur la route de Nemours. Il faisait nuit; mais André avait cru ne pouvoir sortir trop tôt de Montargis. Son imagination avait été fortement frappée, et il croyait, à chaque instant, voir Colombine sauter dans notre voiture, et s'asseoir à côté de lui.

Les événemens de la soirée fournirent un ample sujet à la conversation. On aurait pu écrire un volume de ce que nous dîmes sur l'indissolubilité du mariage. André trouvait ce lien en opposition directe avec la nature.

Moi, je soutenais qu'il fait le bonheur d'époux bien assortis. « Vous avez vos » raisons pour voir comme cela, mon- » sieur; moi, j'en ai de bonnes pour » voir autrement. — André, nous » sommes tous organisés de même, et » ce qui convient à l'organisation de » l'un doit convenir à celle de l'autre. » — Établir un principe général sur » nos dispositions morales est une ab- » surdité. Nous avons tous deux bras » et deux jambes, et nous ne pouvons » nous en servir de même. Il y a des » hommes de six pieds, et d'autres » qui n'en ont que quatre; des sots et » des gens d'esprit. Je conviendrai, si » vous le voulez, que leur organisation » est la même; mais j'ajouterai que les » résultats diffèrent essentiellement. » Ainsi je déteste le mariage, et vous en » êtes idolâtre. Peut-être, cependant,

» l'opposition de nos idées à cet égard
» est-elle simplement l'effet des cir-
» constances différentes, dans lesquel-
» les nous sommes placés, vous et moi.
» J'épouse Villelmine, jeune, jolie,
» fraîche comme un bouton de rose.
» Je trouve d'abord ma position déli-
» cieuse. Un an, deux ans s'écoulent,
» sans nuages, sans contradictions, et
» le bijou le plus brillant, qu'on porte
» sans cesse au doigt, n'est plus re-
» marqué que par ceux qui ne le voient
» qu'en passant. La nuit de la Saint-
» Barthélemy arrive ; je perds mon
» bijou, et je m'en console aisément,
» en pensant que j'ai conservé la vie.
» Je retrouve Villelmine, des années
» après, laide, mal bâtie, dansant la
» sabotière, et vendant du baume. Qui
» diable, à ma place, bénirait le ma-
» riage ?

» Vous vous unissez à Colombe, et » on vous l'enlève au sortir de l'église. » Vous féraillez pour la reconquérir, » et un ravisseur de filles vous perce le » flanc. Le prince de Condé et le ma- » réchal de Biron se battent, et vous » perdez encore votre épouse, qui ne » l'est que de nom. Vous la retrouvez » à Lusignan; mais votre blessure vous » borne à la contemplation. Vous de- » venez enfin son mari, et huit jours » après madame de Monthbason vous » sépare d'elle. Tout homme est plus » ou moins opiniâtre. Ces obstacles » multipliés eussent suffi pour vous » donner de l'amour, si déjà vous n'en » eussiez eu assez pour en mourir, et » je crois, Monsieur, que la constance » est fille de la contrariété. L'avantage » essentiel que vous avez sur moi, c'est » que Colombe est dans un couvent,

» et qu'elle y restera jusqu'à ce que » vous puissiez l'en tirer. Nous verrons » ensuite ce que deviendra votre » amour. »

Je me récriai beaucoup sur l'incertitude que marquait André de mes sentimens futurs. Je jurai que qui aime Colombe doit l'aimer toute sa vie; que notre amour était devenu partie intégrante de notre être; que non-seulement il ne pouvait s'éteindre, mais qu'il ne devait pas même subir la plus légère altération.

« Et quand il s'éteindrait, Monsieur, » qu'y aurait-il que de très-ordinaire?— » C'est impossible, André. — Que » d'amans ont tenu le même langage, » se sont fait les mêmes sermens, et » ont fini par ne pouvoir plus se sup» porter? — André, vous calomniez » mon cœur et celui de Colombe.—

» Croyez-vous, Monsieur, que la na-
» ture en ait fait deux exprès pour
» vous? d'ailleurs, l'indifférence ab-
» solue n'est-elle pas préférable, cent
» fois, à cette frénésie, à cette rage,
» qui vous tourmente souvent, et qui
» a failli dix fois à vous coûter la
» vie? — Ne pas aimer est-ce vivre? —
» Ma foi, Monsieur, je me porte à
» merveille, je ne suis pas amou-
» reux, et j'espère bien ne plus le de-
» venir. — Qui n'aime rien est un être
» dégradé, un simple végétal. — Mon-
» sieur, il vaut mieux, je crois, être un
» mirthe ou un oranger qu'un tigre. —
» André, la guerre civile recommen-
» cera-t-elle bientôt? »

Cet homme, que j'avais mis au rang des végétaux, n'avait pas de rancune, et raisonnait conséquemment. Il me représenta qu'il fallait, avant que de penser à délivrer Colombe, que j'allasse m'acquitter, envers ma mère, de ce que me prescrivait mon devoir; que je reçusse, de ses mains, ce qui m'appartenait dans la succession de mon père; que j'achetasse ensuite une terre et une maison, « car enfin, me disait-il, il » sera très-beau sans doute de délivrer » votre épouse; mais il faut la loger » quelque part. Ces préliminaires remplis, nous soufflerons le feu de la » guerre, si de petits particuliers, » comme vous et moi, peuvent porter la main sur le manche du soufflet. »

Nous entrâmes à Nemours avec les premiers rayons du soleil levant, et André me fit observer qu'il était temps de renoncer à la métaphysique de l'amour, pour nous occuper de choses plus substantielles. Nous n'avions pas soupé la veille, et il était temps de déjeuner.

Nous trouvâmes à nous loger un peu moins mal qu'à Montargis : tout s'agrandit à mesure qu'on approche de la capitale. Nous trouvâmes chez maître Martin six chaises de paille, six cuillers, six fourchettes de fer, six assiettes, un lit assez large pour quatre, et qui était garni de ses draps. À la vérité, ils servaient pendant huit jours à tous les voyageurs qui s'arrêtaient chez maître Martin, parce qu'il n'en avait encore que deux paires; mais il nous dit que nous étions les maîtres de ne pas nous déshabiller.

Maître Martin avait conçu l'heureuse idée de pourvoir aux besoins des passans. Une éclanche de veau rôtie décorait son buffet, et deux lapins en civet bouillotaient sur un fourneau. Comme les aisances de la vie s'étendent avec les inventions nouvelles ! oh, si ce coquin d'Omar n'eût pas brûlé la bibliothèque d'Alexandrie, que de choses perdues nous aurions sous la main ! « Peut-être les grandes routes de l'em- » pire de Babylone étaient praticables » l'hiver comme l'été. — Il est constant » au moins que les voies romaines » l'étaient. — Peut-être les voyageurs » Babyloniens trouvaient à leur dis- » position des voitures commodes et » douces, et des relais de distance en » distance, qui leur faisaient parcourir » l'espace avec rapidité. — Il est certain, » André, que ces moyens de transport » étaient inconnus à Rome. — Peut-être » y avait-il dans l'Assyrie des cabarets » élégans, abondamment fournis de » toutes choses, où, moyennant une » faible rétribution, un satrape était

» aussi bien que dans son palais. — » L'histoire romaine ne parle pas de » semblables établissemens; donc ils » étaient inconnus à Rome.

» A quoi rêves-tu donc, André? — » Je pense, Monsieur, que sans nous » en douter, nous venons de décou- » vrir une nouvelle branche d'in- » dustrie et d'utilité publique, qui, » peut-être, était consignée dans quel- » que manuscrit de la bibliothèque » d'Alexandrie. — Mon cher ami, il est » donné à l'esprit humain de parcou- » rir un cercle assez étendu, et cepen- » dant borné. Quand l'homme a fait » le tour du cercle, il s'arrête, et si » les révolutions politiques et physi- » ques anéantissent les connaissances » acquises, il recommence à parcourir » son cercle. Ainsi que de prétendues » découvertes, faites dans les temps

» modernes, n'étaient que des choses
» usées par les anciens! — Vous avez
» raison, Monsieur; mais ceux qui les
» ont retrouvées n'ont pas moins de
» mérite que les premiers inventeurs,
» et nous pouvons nous mettre au
» nombre des êtres privilégiés mo-
» dernes. — Comment cela, André ? —
» Ne venons-nous pas de trouver qu'on
» peut faire des routes, praticables l'hi-
» ver comme l'été? — Ne venons-nous
» pas d'inventer des voitures publiques,
» dont la marche serait accélérée par
» des relais ? — Et des cabarets somp-
» tueux, où les voyageurs seraient hé-
» bergés... — Un moment, Monsieur :
» toute découverte nouvelle doit être
» décorée d'un nom nouveau et sonore.
» *Hébergé, hébergé*.... héberger veut
» dire recevoir chez soi, loger. Nos
» établissemens nouveaux s'appelleront

» *auberges.*—Bien trouvé, André. —
» N'est-il pas vrai, Monsieur?

» —Mais comme nous ne pouvons
» faire construire des voies romaines,
» des voitures publiques, qui parcou-
» rent la France dans tous les sens, et
» des auberges, de distance en distance,
» il faut que nous abandonnions notre
» découverte. —L'abandonner, Mon-
» sieur! jamais. Pendant que vous ar-
» rangez vos affaires à Étampes, j'écris
» nos idées nouvelles; je les présente
» sous le jour le plus avantageux. Si
» elles ne peuvent faire notre fortune,
» il faut au moins qu'elles nous donnent
» l'immortalité. J'appelle les grandes
» routes *andréades*, et les voitures des
» *mouchettes.*—Bien, mon cher An-
» dré, très-bien, à merveilles. — Je
» vais à Paris; je fais imprimer mon
» ouvrage, et je le distribue au public,

» avec la permission de la Sorbonne.

» —André, je fais une réflexion.— » Et laquelle, Monsieur? —Vous êtes » un ambitieux. —Comment cela?— » Avant qu'il y ait des auberges et des » voitures publiques, il faut qu'il existe » des grandes routes. Les grandes routes » praticables dans toutes les saisons, » sont la base essentielle de notre pro- » jet. et vous leur donnez pompeuse- » ment votre nom? — C'est moi, » Monsieur, qui ai été déterrer, dans » les ruines de Babylone, les routes im- » perméables. — J'ai rappelé celles des » Romains.— C'est une réminiscence, » et il y a l'immensité entre un sou- » venir et une invention.— Nos super- » bes et imperméables chemins s'appel- » leront des *mouchettes*.—Des *andré-* » *ades*.—Des *mouchettes*, vous dis-je. » —Je ne céderai pas sur un point

» aussi important. — Vous céderez.
» Monsieur. — Ah, vous avez de l'hu
» meur! ah, vous m'appelez Monsieur!
» modérez-vous, et rendez à César ce
» qui appartient à César. — Vous Cé-
» sar! — Tout est relatif. — Je vous en-
» tends. Vous êtes l'aigle, et moi le pas-
» sereau. — Hé, hé.... — Comment,
» hé hé? vous êtes un insolent. » Je me lève, furieux. Je renverse la table. Trois des six assiettes de Martin, et une dame-jeanne sont brisées; le reste de notre civet et du vin couvrent le pavé; un chien de basse-cour se lance entre les jambes d'André, et le fait asseoir sur les débris de notre déjeuner.

« Ma foi, dit-il, me voilà revenu de
» Babylone, et dans une posture
» propre à dissiper les fumées de l'a-
» mour-propre. » Je me mis à rire; le bon André rit aussi. Il quitta son

haut de chausses; Martin se chargea de le remettre en état de servir. Nous allâmes nous coucher, et à notre réveil il ne fut plus question de mouchettes, ni d'andréades. C'est ainsi qu'une idée heureuse disparaît devant un incident qui fixe l'attention sur un objet nouveau, pour ne se reproduire, quelquefois, que des siècles après André m'avait contredit, je l'avais brusqué; nous avions eu des torts tous les deux, et nous ne cherchâmes qu'à nous les faire oublier réciproquement.

Rien ne nous obligeait à voyager la nuit. J'étais bien aise, d'ailleurs, d'entrer à Étampes en plein jour : j'allais y paraître dans un équipage propre à exciter l'envie. « Toujours le péché » d'orgueil, me dit André. — J'en » conviens, mon ami. Mon patron me » l'a souvent pardonné; il me le par-

» donnera encore cette fois-ci. — C'est » ainsi, Monsieur, qu'on se tire d'af- » faire avec des capitulations de cons- » cience. Je remarque que les gens les » plus pieux ont souvent recours à ce » moyen-là. Il favorise des passions, » que la dévotion n'éteint jamais entiè- » rement. »

Nous avions résolu de ne partir que le lendemain, et il fallait user le reste de la journée. Nous nous promenâmes par les rues de Nemours. On trouve partout de ces figures heureuses, qui plaisent, qui attirent, on ne sait pourquoi. Il est constant que tous les hommes influent, les uns sur les autres, en bien ou en mal. Deux particuliers, qu'on n'a jamais vus, jouent à la prime ou au trictrac. On désire que l'un gagne ; on souhaite, par conséquent, que l'autre perde. Pourquoi cela?

« Monsieur, dit André, cela n'est peut-
» être pas impossible à expliquer. J'ai
» lu, autrefois, un vieux livre, com-
» posé par un vieux docteur écossais,
» sur la médecine d'attouchement. Il
» prétend qu'il s'échappe de nous des
» molécules, qui repoussent ou atti-
» rent; qu'un médecin, dont les éma-
» nations sont en rapport avec celles
» d'un malade, peut le guérir en le
» touchant, et mon docteur cite des
» faits. — Mon cher André, ceci est
» trop fort. — Monsieur, c'est un sys-
» tème comme un autre. Il y a, dans
» tous, à prendre et à laisser. »

Quoi qu'il en soit, nous rencontrâmes, sur une petite promenade de Nemours, un homme dont les molécules étaient en harmonie parfaite avec les nôtres, car nous ne balançâmes pas à l'aborder. Notre qualité d'étrangers fut notre prétexte et notre excuse.

La conversation s'engagea. Nous n'avions pas entendu parler des affaires publiques, depuis que nous étions sortis d'Argenton, et quoiqu'on n'ait rien de commun directement avec les rois, on aime à savoir ce qu'ils font. Leurs moindres actions influent toujours sur notre sort, à nous pauvres petits. Notre inconnu nous remit au courant, avec une complaisance, dont nous lui sûmes le meilleur gré.

Pendant qu'on signait la paix, Lesdiguières battait les catholiques dans le Dauphiné; un de ses lieutenans prenait Montpellier; le duc d'Anjou, frère du roi, enlevait aux huguenots La Charité et Issoire. La paix était dans toutes les bouches, et personne ne remettait l'épée dans le fourreau.

Le roi se crut dégagé du joug des

Guise, parce qu'il s'était rapproché du roi de Navarre et du prince de Condé. Il était retombé dans cet état d'apathie, qui l'avait plusieurs fois exposé à des dangers réels. Il ne connaissait, pour en sortir quelquefois, d'autre moyen que de varier ses plaisirs. Il en avait de toute espèce.

La misère était extrême. Il prodiguait à Joyeuse et à d'Epernon le faible produit des impôts. Il pensait à les marier aux sœurs de la reine de France, Louise de Vaudémont. Ils n'avaient pas plus besoin de femmes que lui.

Un jour il donnait un bal. Le lendemain, il se promenait par les rues de Paris, à la tête d'une mascarade de pénitens, nud jusqu'à la ceinture, et il se fustigeait, avec eux, en chantant des psaumes. Il croyait persuader ainsi les ligueurs de la pureté de son catholicisme. Un autre jour, il instituait l'ordre du Saint-Esprit. Il inséra, dans les statuts, que tous les chevaliers professeraient la religion romaine. Il espérait que les seigneurs protestans feraient abjuration pour obtenir la décoration nouvelle. Aucun d'eux ne se prononce encore, et cependant l'ordre de Saint-Michel est tombé dans un tel discrédit, qu'on ne l'appelle plus que le collier à toutes bêtes.

Deux de ses mignons, Quélus et Mangiron se sont fait tuer en duel, et il leur fait ériger des statues, dans l'église paroissiale de Saint-Paul. Il les pleure, tous les jours, jusques dans les bras de Joyeuse et de d'Epernon, et, en même temps, il établit des comédiens italiens à l'hôtel de Bourgogne.

Telle est la faiblesse de son autorité, que le parlement de Paris a osé rendre un arrêt qui expulse ces histrions de la capitale. Il les y maintient par la force.

Le duc de Guise approuve des contrastes et des fautes, qui achèvent de couvrir Henri du mépris général. La ligue est à ses ordres, et il n'a qu'un mot à dire pour renverser le roi du trône. Le moment n'est pas venu.

Catherine de Médicis gémit en secret, et entretient une correspondance active avec les princes protestans. Elle affecte, en public, une gaîté, qui a fui loin d'elle, depuis long-temps. « Tel » est, Messieurs, l'état actuel de la » France. »

« Vous conviendrez, au moins, Mon» sieur. dis-je au narrateur, que le » roi est un excellent catholique, et » que cette qualité-là balance bien des » défauts. C'est une réflexion que j'ai

» déjà eu l'occasion de faire. — Mon-
» sieur, un roi qui n'a que cette qualité-
» là, est peu de chose en temps de
» paix, et n'est rien dans des momens
» de troubles. Vous ne tarderez pas à
» être convaincu de ce que j'avance. »

Monsieur Duport continuait à blâmer la conduite du roi, et il s'exprimait avec amertume; je le défendais avec chaleur. Un prince, qui institue, tous les jours, des ordres religieux, et devant qui j'ai eu l'honneur de jouer du serpent, à la procession des bilboquets! M. Duport s'échauffait; je m'échauffais davantage. « Prenez garde,
» Monsieur, me dit André. Vous avez
» derrière vous, la table, le civet et les
» assiettes du matin. » Je me mis à rire, André rit, et comme le rire se communique, M. Duport rit aussi. Cependant un homme raisonnable veut sa-

voir de quoi il rit. Il fallut lui conter l'histoire entière des Andréades et des Mouchettes. Les éclats de rire redoublèrent, et M. Duport finit par nous inviter à souper.

On aime à parler de sa ville natale, et il n'y a pas bien loin de Nemours à Étampes. M. Duport pouvait savoir quelque chose de ce qui s'y passait. Je lui fis plusieurs questions, en sablant un vin, qui valait mieux que celui de maître Martin. J'appris que, peu de temps avant la signature de paix, les ligueurs étaient entrés à Étampes, et avaient massacré tous les huguenots. « Que le ciel les récompense, m'écriai-» je! Ma mère, catholique ardente, » aura trouvé sûreté et protection. » Monsieur, me répondit-il sèche-» ment, il est vraisemblable que la » guerre civile se rallumera bientôt, et

» si les réformés entrent à Étampes.
» que deviendra votre mère? » Cette observation me fit frissonner.

« Quelles que soient, poursuivit M. » Duport, nos opinions religieuses. » n'oublions jamais que Dieu ne veut » pas de sacrifices de sang; que nous » pouvons lui plaire par celui de nos » passions haineuses, et qu'une charité, » bien entendue, peut seule établir en » France une paix sincère et durable. »

Je remarquais qu'André était sérieux quand je parlais, et qu'il souriait, quand notre hôte reprenait la parole. Depuis long-temps, je le trouvais entâché d'une sorte d'hérésie; mais il était si bon, si intelligent, si instruit, qu'il fallait bien lui passer quelque chose. Au reste, je vis clairement qu'ils étaient deux contre moi, et que j'aurais du désavantage, si je soutenais la discussion. Il commençait à être tard; je voulais partir le lendemain de grand matin; je remerciai cordialement M. Duport de ses bontés, et je gagnai, avec André, *l'auberge* de maître Martin.

CHAPITRE III.

Arrivée de notre héros à Etampes.

Il parut ce jour, où la piété filiale devait honorer une mère estimable, et lui faire oublier ses chagrins et ses privations. Quelques heures encore, et j'allais être dans ses bras. Mon cœur, plein des plus doux sentimens, oubliait les passions tumultueuses; l'image de Colombe même ne pouvait rien sur lui en ce moment.

Déjà je distinguais les clochers d'Étampes; déjà mon imagination créait les scènes de bonheur qui allaient s'ouvrir, pour ma mère et pour moi; je jouissais de sa surprise et de son attendrissement; le son de sa voix frappait mon oreille; ses bras me pressaient sur son sein, elle bénissait son fils, respectueux et sensible. André ménageait ma délicieuse rêverie; il gardait un profond silence.

J'aperçus, sur le bord du chemin, cette jeune fille, si naïve et si bonne, qui m'avait offert du lait et des fruits, lorsque je m'évadai du couvent des Franciscains d'Étampes. Elle filait au fuseau, avec le calme de l'innocence. Je priai mon patron de veiller sur elle.

Je reconnus, en entrant dans la ville, toutes les rues, toutes les maisons, et je les revis avec un plaisir inexprimable. J'en nommais les habitans à André, comme s'il eût dû les connaître. Là, demeurait un camarade d'école; ici, un ami de mon père; plus loin, un marguillier. Je m'inclinai profondément, en passant devant le couvent des Franciscains.

Nous arrêtâmes devant la maison de ma mère. Je m'élançai de ma voiture, et je frappai à la porte. Déjà mes bras s'ouvraient pour recevoir mon excellente Madeleine..... Un inconnu me demande ce que je veux. « Où est » ma mère? — De qui me parlez-vous? » — De dame Madeleine de Mouchy, » et je l'appelais en parcourant la maison. « Un moment, Monsieur, vous » êtes chez moi. — Ma mère a vendu » sa maison! Où s'est-elle retirée? — » Dans le couvent des filles du sacré-» Cœur de Jésus. — André, courons

» à son couvent. — Vous ne la verrez » pas. — Pourquoi cela? — Elle a pro» noncé ses vœux, et la règle de son » ordre lui interdit toute communica» tion extérieure. — Je ne verrai pas » ma mère! Ainsi donc, les couvens » m'auront enlevé tout ce que j'ai de » cher au monde!

» Qu'a-t-elle fait de son bien? de» manda André. — Oh. que de ques» tions! Adressez-vous aux Franciscains; » ils vous donneront, s'ils le veulent, » tous les éclaircissemens que vous dé» sirez, » et le bourru ferma la porte sur nous.

« André, je verrai ma mère. Si on » me refuse cette satisfaction, je mets » le feu au couvent, j'enlève Madeleine » à travers les flammes, et... — Enle» ver sa mère! Voilà, je crois, ce qui » ne s'est jamais vu. — Eh bien, ce

» sera la première fois. — Ta, ta, ta, » ta, ne connaîtrez-vous jamais que » les moyens violens? — Ce sont les » plus prompts. — J'en conviens; » mais si vous refusez de revenir à des » sentimens raisonnables, je ne vous » quitterai pas d'un instant, et je mar- » cherai à côté de vous, une pompe » sous le bras. » Je ris; c'est ce que voulait André: on ne brûle pas une maison en riant.

« André, il faut cependant prendre » un parti. — Sans doute, Monsieur; » mais il faut agir avec réflexion. Oc- » cupons-nous d'abord de nous loger, » nous et nos équipages. Cette opéra- » tion préliminaire vous réfroidira la » tête, et nous verrons après ce qu'il » faudra faire. »

Loger au cabaret, après avoir eu une maison à moi! Cela était dur; mais il fallut me résigner. Nous cherchâmes, et, en allant et venant, je rencontrai un ancien camarade, parvenu au poste éminent de bedeau. Il me reconnut, et, une heure après, on disait, par toute la ville, qu'Antoine la Mouche y était revenu avec une jolie figure, des vêtemens somptueux, un équipage brillant, et cent mille livres. On avait oublié mes anciennes espiègleries; on m'arrêtait, on me félicitait, et, comme un homme qui a cent mille livres est un personnage important, on me marqua de la considération. Personne ne m'offrit de logement, sans doute parce qu'un gros capitaliste doit épuiser, en peu de temps, une maison bourgeoise; mais on nous indiqua le meilleur cabaret d'Étampes.

Ces conversations, courtes, mais répétées, m'avaient calmé, ainsi que l'avait prévu André. Je ne pensais plus à enlever ma mère, et il me proposa d'aller rendre visite au prieur des Franciscains.

Le frère portier appela le père Boniface; le père Boniface me regarda avec une sorte d'embarras, et il alla avertir le prieur. Il n'était plus ce temps, où on ne m'adressait pas un mot qui ne fût dicté par la bienveillance ; où on m'attirait, par des caresses, sous le scapulaire de saint François. Deux figures, froides et sévères, attendaient que je m'expliquasse.

Je demandai ce qui avait déterminé ma mère à prendre le voile : le père Boniface le savait au moins aussi bien qu'elle. Il me répondit que la grâce l'avait appelée à cet état de perfection. André demanda ce qu'était devenu son bien. On lui répondit qu'elle en avait disposé. « En faveur de qui? — » Elle l'a employé en œuvres pies. — » Ah! j'entends. »

J'exprimai le plus vif désir de la voir. On me répondit que la règle ne lui permettait pas de me recevoir. « Sortons d'ici, Monsieur, me dit » André. »

« Il me paraît évident, continua-t- » il. quand nous fûmes dans la rue, » que ces gens-là sont parvenus à dé- » pouiller votre mère, et qu'ils l'ont » mise dans un couvent pour s'en dé- » barrasser. — Ah, qu'ils gardent son » bien, et qu'ils prient pour elle et » pour moi. — Ils prieront si cela leur » plaît; mais ils vous restitueront jus- » qu'au dernier sac. — Que je voie ma » mère. — Vous la verrez. — A ce » prix, je renonce à tout. — Moi, je » ne renonce à rien. Que les membres

» catholiques du parlement de Paris » favorisent le cagotisme, l'idiotisme, » ils font les affaires du duc de Guise; » mais ils comptent parmi eux une » moitié de protestans, intéressés à » donner une haute idée de leur équité, » et ceux-là se soulèveront contre des » moines spoliateurs. — Moi, j'atta- » querais ces saints religieux, au milieu » desquels j'ai passé ma première jeu- » nesse! — Monsieur, la robe ne fait » pas l'homme, et celle de saint Fran- » çois couvre ici des fripons. — Mais, » André!... — Mais, Monsieur, il vous » faut une petite terre pour nourrir » Colombe; un superflu de produits » pour lui procurer les agrémens de » la vie; une maison agréable pour » la loger, et on n'a pas tout cela avec » dix mille livres. Allons trouver le

» procureur du roi d'Étampes. — Al-
» lons chez le procureur du roi.

» — S'il fait son devoir, cette affaire
» pourra se déterminer sans éclat. Si
» c'est un sot, je pars pour Paris; je
» m'adresse au chancelier de Birague,
» et il nous fait raison de toute cette
» canaille-là. »

A l'époque de la signature de la paix, la cour s'était occupée de garantir les réformés des persécutions sourdes et ouvertes des catholiques. La composition mixte des parlemens assurait le repos des sectaires des deux cultes, et le chancelier avait favorise ces vues pacifiques, en expulsant des tribunaux et des bailliages les forcenés et les hypocrites.

Le procureur du roi d'Étampes était catholique; mais il voyait, dans chaque Français, un homme qui avait droit à la protection de la justice, quelles que fussent ses opinions religieuses. Il était magistrat intègre. et ne voulait être que cela.

André porta la parole, et fut écouté avec attention. « Je vais. me dit le » procureur du roi. chez les filles du » Sacré-Cœur, et je parlerai à votre » mère. Revenez dans une heure. »

Cette heure nous parut longue : elle devait décider de choses d'une grande importance pour moi, et celui qui attend, compte les minutes. M. Vernier rentra enfin, et nous invita à l'écouter.

Il s'était fait présenter les statuts et les réglemens de la maison. « Les sta- » tuts, émanés du pape, sont sévères ; » mais aucune main laïque n'a le droit » d'y porter atteinte. Ils ordonnent » une clôture absolue, et ne privent » pas ces religieuses de la satisfaction

» de communiquer avec les personnes
» de l'extérieur. Ce couvent est dirigé
» par les pères Franciscains, et ils y
» ont établi, depuis trois mois, une
» réforme, qui peut être prescrite par
» des motifs purement temporels. Je
» présume qu'ils veulent prévenir toute
» explication entre votre mère et vous.
» Ils ont fait approuver ces nouveaux
» réglemens par l'évêque diocésain;
» cependant ils sont loin d'avoir force
» de loi. D'ailleurs, ils n'interdisent
» aux religieuses que les visites des
» *étrangers*, et un fils ne peut être
» étranger à sa mère. Un reste de pu-
» deur n'a pas permis de vous exclure
» nominativement du parloir. On eût
» blessé toutes les convenances, on
» eût irrité ces bonnes filles, si on eût
» parlé d'enfans qu'elles n'ont pas, et
» qu'elles ne doivent pas avoir. Une

» veuve, sous la guimpe, est une chose » extraordinaire, et on a cru vous éloi- » gner de la grille, en vous compre- » nant dans une interdiction, qu'on a » voulu rendre générale. Je crois, » au contraire, qu'il doit y avoir ex- » ception en votre faveur. Au reste, » je prévois l'existence d'une trame, » sourde et coupable, contre votre » sensibilité et votre fortune. J'en dé- » mêlerai les fils.

» J'ai parlé de vous à votre mère. » Elle vous croyait mort, et elle a » versé des larmes d'attendrissement, » en apprenant que vous êtes à Étampes. » Je lui ai demandé si elle serait bien » aise de vous voir. Elle est tombée à » genoux devant la grille, et elle a » baisé ma main, que j'avançais pour » la relever. Que Dieu me pardonne, » a-t-elle dit, de tenir encore à la

» terre; mais je crois que je mourrais » de joie, si je revoyais mon An- » toine. »

M. Vernier envoya chercher le greffier du bailliage, deux témoins, quatre archers, et nous prîmes tous ensemble le chemin du couvent.

L'acte d'autorité qu'avait fait le procureur du roi, s'était borné à demander la communication des statuts et des réglemens, et il avait suffi pour répandre l'alarme dans le couvent. La supérieure parut seule, du côté intérieur de la grille, quand nous demandâmes à voir la sœur Madeleine. Le père Boniface entra dans le parloir, au moment où le procureur du roi ordonna que ma mère fût introduite.

Le révérend père représenta, d'un ton humble, au magistrat, que la pureté de la sœur Madeleine serait ternie, si elle partageait l'air que respire son fils. « Qui peut vous faire juger » que ce jeune homme soit un être cor» rompu? — Monsieur le procureur du » roi, il a été quatre ans novice chez » nous, sans être jugé digne de pro» noncer ses vœux. Il a fui, en cou» pable, de notre maison; il est allé à » la Rochelle, au centre de l'hérésie, » se réunir à un père huguenot et athée.. » — Prenez garde, mon père: ce que » vous dites implique contradiction. » Un huguenot est un chrétien, et un » chrétien n'est pas athée. Continuez. » — Depuis ce temps, nous n'avons » plus entendu parler de lui, ni de son » père. Nous les avons crus morts, l'un » et l'autre, livrés aux plus abomina» bles principes, et nous avons » maudit leur mémoire. — Vous êtes » prêtres pour prier, et non pour

» maudire. Mais sur quelles présomp» tions avez-vous cru que Jacques et » Antoine de Mouchy n'existaient » plus? — Sur une lettre écrite à la » sœur Madeleine, par le maréchal de » Biron. » Le greffier inscrivait, sur son procès-verbal, les questions et les réponses.

« — Où est cette lettre, qui cons» tate le décès du père et du fils? — Je » ne sais si on pourra la retrouver. Mais » en voici une qui prouve l'athéïsme » de Jacques. — Voyons cette lettre.

» Jacques y exprimait le désir d'em» brasser encore sa femme et son fils, » avant que de s'endormir pour tou» jours. — *Pour toujours*, signifie posi» tivement, Monsieur le procureur du » roi, que l'homme meurt tout entier. » — Ces mots peuvent s'appliquer aussi » au sommeil des justes, qui s'endorment

» pour toujours, relativement à la » terre. Mais comment se fait-il que » vous ayez conservé une lettre insi- » gnifiante, et que celle, qui peut te- » nir lieu d'un acte de décès, ne se » retrouve pas? » André demanda la parole.

« On peut prouver, dit-il, que M. de » Mouchy n'a quitté le maréchal de » Biron; qu'au moment de l'ouverture » des négociations pour la paix, et ja- » mais ce général n'a écrit à la sœur » Madeleine. Mon ami était son secré- » taire intime; il rédigeait toutes ses » écritures, et le père Boniface ne pré- » tendra pas nous faire croire qu'il ait » annoncé sa propre mort à sa mère. Il » lui a donné avis de celle de son père. » Cette lettre prouve l'existence du » fils, et voilà pourquoi elle ne se » trouve pas. Le maréchal est à Biron;

» il y a loin d'ici ; mais je ne demande » que quinze jours pour apporter, à » monsieur le procureur du roi, des » preuves incontestables des faits que je » viens d'avancer.

» Voici les conséquences que j'en » tire. Les franciscains ont pu croire » ce jeune homme au nombre des vic- » times de nos guerres civiles, et ils ont » voulu hériter du père et du fils. Ma- » deleine ne sait pas lire. On lui a pré- » senté et lu un papier écrit dans des » vues perfides. Monsieur le procureur » du roi suivra ce premier fil. Il le » conduira à la connaissance des dé- » tails.

» — Caporal, portez à vingt de vos ca- » marades, l'ordre de garder les issues » du couvent des franciscains, et de ne » pas permettre qu'on en sorte la » moindre chose. Mme la supérieure,

» choisissez de faire conduire la sœur » Madeleine dans ce parloir-ci, ou de » m'admettre dans le vôtre. Je veux par- » ler à cette religieuse, sans témoins. » Voilà la seconde fois que je vous donne » l'ordre de la faire paraître; ce sera la » dernière. Si vous n'obéissez à la minute, » j'userai des moyens que la loi met à ma » disposition, pour protéger ceux qui in- » voquent mon ministère. Vous savez » que les portes tombent devant moi.»

La supérieure pâlissait, rougissait, et paraissait ne savoir à quoi se déterminer. Le procureur du roi lui lança un regard foudroyant. Elle sortit.

Le père Boniface était assis dans un coin, et paraissait accablé. Le procureur du roi le fit conduire dans une pièce voisine, et le mit sous la garde de ses archers.

La sœur Madeleine parut enfin,

pâle, défaite, et dans un état de stupeur remarquable. La vue de son fils ramena la vie dans son cœur et dans ses yeux. Nous nous précipitâmes dans les bras l'un de l'autre; nous nous y tînmes long-temps pressés; de douces larmes coulaient de nos yeux; des mots entrecoupés s'échappaient à peine de nos poitrines oppressées. Cette scène touchante dura long-temps.

« Cette entrevue me coûtera cher, » dit enfin ma mère. Mais j'aurai joui » d'un instant de bonheur, avant que » de descendre vivante dans la tombe. » Le procureur du roi l'interrogea.

On lui avait défendu de rien révéler, sous les peines les plus graves, et celles qu'on inflige dans les couvens sont cruelles. « Mais mon fils vit, dit-elle, on » l'a dépouillé, et j'étais mère avant que » d'être religieuse. J'abandonne de tout

» mon cœur à l'Église, ce qui m'appar-
» tenait; mais je supplie M. le procu-
» reur du roi, de faire rendre à An-
» toine ce qu'a laissé son père. Je remplis
» un devoir sacré, et je me résigne à la
» mort.

» Vous ne mourrez pas, Madame,
» s'écria le procureur du roi. Je vous
» prends sous ma protection, et elle ne
» sera pas impuissante. Je vous ferai
» même transférer dans un autre cou-
» vent, si les circonstances l'exigent.
» Parlez librement et avec calme. »

Ma mère raconta que le père Boniface lui avait lu une lettre, qui lui annonçait la mort de son fils; qu'il lui avait représenté qu'elle ne tenait plus au monde par aucun lien; que les biens terrestres n'étaient que des moyens de perdition. Il lui conseilla de s'en défaire en faveur des franciscains, qui en feraient un digne usage, et de ne s'occuper désormais que de son salut. Il la pria, il la pressa d'entrer en religion.

L'espoir que la nouvelle de la mort de son fils pouvait n'être pas fondée, la fit résister pendant quelque temps. On lui montra l'abîme infernal, ouvert sous ses pas, et prêt à l'engloutir. Elle vendit sa maison, et enjoignit le produit aux sommes qu'elle avait déjà. Elle en remit la totalité au père Boniface, et elle entra chez les filles du Sacré-Cœur de Jésus.

« Combien, Madame, avez-vous livré » à ce moine? — Environ trente mille » livres. — Greffier, dites qu'on fasse » rentrer Boniface.

» Mon père, vous êtes coupable de » fraude et de faux, et vous savez que » les faussaires sont pendus. — Pendu !

» un religieux, un prêtre! — J'avoue » qu'il sera difficile de vous conduire au » gibet; il ne le sera pas autant de vous » faire restituer ce que vous avez extor- » qué. Qu'avez-vous fait des trente mille » livres que sœur Madeleine vous a re- » mises? — Nous avons payé à son cou- » vent trois mille livres pour sa dot; le » surplus a été employé en œuvres » pies. — Cela ne se peut pas. On ne » distribue pas vingt-sept mille livres en » aumônes, dans une petite ville comme » Étampes, sans que le public en ait » connaissance, sans que la mendicité » y soit éteinte. et on y rencontre des » mendians à chaque pas.

» Votre couvent est cerné. Epargnez- » moi la peine d'y faire une perquisi- » tion. Apportez-moi les vingt-sept » mille livres, dont vous êtes nantis. » Monsieur le procureur du roi, s'écria

» André, je vais conduire notre voiture » à la porte des franciscains, et je rece- » vrai en masse. ce qu'on y a porté en » détail.

» Mais, Monsieur, dit le père Boni- » face, vous savez que nous faisons » vœu de pauvreté. — Si je ne trouve » rien chez vous, votre justification » sera éclatante. Mais je crains bien qu'il » y ait d'autres sommes, destinées à *des* » *œuvres pies*. Allons, décidez-vous. — » Mais au moins, Monsieur, me donnez- » vous votre parole que cette affaire » n'aura aucune suite? — Je vous le » promets; mais je prendrai mes sû- » retés. »

Pendant cette instruction, j'étais à côté de ma mère; je tenais ses mains, je les pressais, je les baisais; elle me prodiguait les plus tendres caresses.

Nous vîmes cependant sortir André et le père Boniface.

Une heure après, vingt-sept sacs de mille livres étaient déposés sur le plancher du parloir. « Monsieur, me dit » le procureur du roi, votre mère est » morte au monde; cet argent vous » appartient. Faites-en ce que vous » voudrez. Caporal, allez relever l'es- » couade que vous avez mise en sur- » veillance autour du couvent des » franciscains.

» Père Boniface, je ne cherche pas » de coupables. Je ne veux pas savoir, » si vous avez encore de l'argent mal » acquis. Je vous conseille de répandre » dans le public que vous aviez chez » vous un dépôt, qui devait être trans- » féré, en plein jour, au couvent du » Sacré-Cœur, et que vous avez requis » main-forte, pour contenir les gens

» qu'on rencontre partout, et dont
» l'industrie est au bout de leurs doigts.
» Si on vous fait des questions, vous
» ne serez pas embarrassé d'y répondre :
» vous avez l'imagination active et fé-
» conde.

» Je garde mon procès-verbal. Je ne
» le communiquerai à personne ; mais
» il servira de base à une action crimi-
» nelle, si je ne suis pas satisfait de
» votre conduite. Qu'on fasse venir la
» supérieure de cette maison.

..... « Madame, je vous laisse les trois
» mille livres de dot que vous a payées la
» sœur Madeleine, quoique cette somme
» excède de beaucoup ce qu'on exige
» ordinairement des novices ; mais j'en-
» tends, je veux qu'elle soit traitée dou-
» cement, et même avec quelques
» égards. Vous lui permettrez de rece-
» voir son fils, quand il se présentera.

» Je viendrai la voir tous les jours, et à » la première plainte fondée qu'elle » m'adressera, je la ferai transférer dans » un couvent de Paris, et vous rendrez » sa dot.

» Vive le procureur du roi d'Étampes, s'écria André! Pourquoi ne lui » ressemblent-ils pas tous? Monsieur, » lui dit sèchement ce magistrat, la » justice était de votre côté, et elle a » dû prononcer en votre faveur; mais » je vous engage à user de vos avantages » avec une extrême réserve. Les moines » et les religieuses ne sont pas dans la » religion; mais ils y touchent de très-» près. Ne l'oubliez pas. Retirons-nous.»

J'aidai à André à transporter nos sacs dans notre voiture, et nous fûmes les déposer dans une chambre de notre cabaret, à côté des dix mille livres que nous avions apportées à Étampes.

J'en mis la clef dans ma poche, après avoir fermé les volets des fenêtres. Je commençais déjà à sentir les embarras et les inquiétudes que donnent les richesses.

« Hé bien, Monsieur, n'avais-je pas » raison de vous dire que, d'une ma- » nière ou d'une autre, nous aurions » raison de ces fripons-là? — André, » le couvent des franciscains a presque » été mon berceau, et je porte à ces » bons pères un vif intérêt. — Oh, ces » bons pères, ces bons pères! apprenez » donc, Monsieur, à estimer les hom- » mes ce qu'ils valent. — Je ne me » consolerais pas de les voir diffamés. » — Il faut, pour qu'ils le soient, qu'ils » se diffament eux-mêmes, et ils sont » trop adroits pour n'être pas discrets. » — Mais le procès-verbal... — M. Ver- » nier est incapable d'en abuser; mais

» il est là ; vos bons pères le savent ; il » les contiendra, et ils se tairont. Al» lons remercier le procureur du roi. »

Nos remercîmens furent aussi vifs que le service qu'il nous avait rendu était important. « Messieurs, nous dit» il, remercier un magistrat qui n'a fait » que son devoir, c'est l'offenser, » quand il est honnête homme. Vous » ne me devez rien. Je vous salue. »

Nous parlions, en nous retirant, des rares qualités de M. Vernier. Nous en parlions en retournant à notre cabaret. Nous en parlions, en nous assurant que les fermetures de la chambre, qui renfermait notre trésor, étaient intactes. Nous voulions faire un tour de ville, et nous revenions, sans y penser, vers la maison où était notre précieux dépôt. « André, je ne pourrai plus dormir. » — Ni moi non plus, Monsieur. Je

» sens que je perds ma gaieté et ma phi-
» losophie. Sénèque a dit, avec beau-
» coup de raison, que la richesse est le
» poison de l'âme.

» — André, demandons à souper. —
» Il n'est pas l'heure, Monsieur. —
» Nous l'attendrons auprès de nos sacs.
» — Monsieur, il faut placer prompte-
» ment cet argent-là, ou il nous fera
» perdre la tête. »

On nous servit un souper très-passable, et nous ne pûmes manger ni l'un ni l'autre. « André, va chez le
» notaire du lieu, et demande-lui s'il y
» a ici quelque chose à vendre. — Vous
» resterez donc auprès de votre argent?
» — Oui, et j'ai l'épée au côté. »

Assis sur une pile de mes sacs, je récapitulai les événemens de la journée, et de celles qui l'avaient précédée. Je ne trouvai, dans toute ma conduite, que l'amour pour Colombe et l'affection pour ma mère. Pas un retour vers mon patron ; pas une oraison jaculatoire adressée à ce grand saint, et il était évident qu'il m'avait conduit, par la main, à la fortune. Je le priai avec ferveur, et je le suppliai de me rendre le repos. Le repos ne vint pas. Ah, pensai-je, mon patron ne veut pas tout m'accorder. Il faut que je me souvienne que je ne suis qu'un homme, et un pécheur.

Il était nuit depuis quelque temps ; je ne voulus pas demander de lumière. On eût pu l'apercevoir à travers les fentes des volets, et on n'eût pas manqué de chercher à pénétrer les motifs qui me faisaient avoir de la chandelle à une heure indue, à neuf heures du soir. D'ailleurs, elle eût pu diriger les entreprises de notre hôte ; il est facile de brûler la cervelle à un homme, dans une chambre éclairée, et Leclerc sait que j'ai de l'argent, beaucoup d'argent: il nous l'a vu transporter.... J'entends du bruit en bas.... Il redouble.... Je place mes sacs contre la porte; je me couche dessus; il faut qu'on me passe sur le corps pour me voler. J'ai mon épée nue à la main.

Le bruit cesse; mes alarmes se dissipent; mais André ne revient pas. Où est-il? que fait-il?... Tout a un terme. Mon agitation cessa; mes paupières s'appesantirent; je m'endormis enfin. Mon sommeil fut troublé par des songes effrayans. Je m'éveillai en sursaut, en criant au voleur.

Bientôt on frappa à ma porte. Je me levai précipitamment, la pointe de mon épée tournée vers les assaillans. « Qui est là? — C'est moi, Monsieur,

» c'est votre hôte, c'est Leclerc. J'ai » entendu, chez vous, un vacarme in» fernal ; j'ai cru qu'on y était entré » par une fenêtre, et je venais vous dé» fendre. » Me tend-il un piége? Veut-il m'amener à lui ouvrir ma porte? « Je rêvais, mon ami, et je n'ai besoin » de rien. — De rien? Vous n'avez pas » soupé, et vous passez, sur le carreau, » une nuit froide, tandis que vous pou» viez disposer d'un lit passable. Je re» mercie saint Nicolas de n'être pas » riche. » Il se retira. . . . . .

L'absence d'André me paraissait inexplicable. Les notaires ne passent pas d'actes au milieu de la nuit. Lui serait-il arrivé quelque malheur? Oh, il est, après Colombe et ma mère, ce que j'ai de plus cher au monde.

Je me sentais moulu, brisé, et cette nuit me paraissait interminable. Je crus apercevoir enfin, à travers quelques fentes, les faibles rayons du jour renaissant. J'entrouvris un de mes volets: le soleil commençait à dorer le haut des cheminées. De quel poids insupportable je me sentis soulagé! La lumière dissipa mes terreurs; mais elle ne me rendit pas ma sécurité ordinaire.

Je me sentis prêt à tomber de besoin. Je fermai soigneusement ma porte, et je descendis. Leclerc dormait d'un sommeil paisible: il n'avait pas de trésor à garder.

Je l'éveillai, et je lui demandai à manger. Il s'empressa de me servir ce qu'il avait de mieux. Il me regardait d'un air de compassion, qui me fit sentir le ridicule de ma conduite. Je me promis de bannir, sans retour, des terreurs avilissantes. Le jour, d'ailleurs, me rassurait. Je lui demandai s'il pouvait me donner quelque nouvelle d'André. Il était venu, à huit heures du soir, prendre mon cheval, et il n'avait pas reparu. Où pouvait-il être allé?

Je sortis, et je me tournai souvent vers le modeste cabaret de Leclerc. Je jurai enfin à mon patron de n'être plus un riche malheureux. Je revenais toujours à lui, après une crise violente, et je m'en trouvais bien.

J'entrai dans l'église des filles du Sacré-Cœur. Elles chantaient les matines. Je m'unis à elles d'intention, et quand l'office fut terminé, je demandai à voir ma mère. Elle vint à la grille, sans avoir éprouvé d'opposition. Après les premiers épanchemens, nous nous racontâmes ce qui nous était arrivé depuis notre séparation : tout est intéressant, entre une mère et son fils. La mienne était heureuse, quoiqu'elle ne possédât plus rien au monde. J'étais, moi, le jouet des passions.

Je la quittai, et je retournai chez Leclerc. Il était dix heures, et André ne paraissait pas. Mon inquiétude augmentait de moment en moment. Je sortais, je parcourais les rues, les avenues de la ville, je rentrais, je me désolais. Je parlais à Leclerc. Il ne pouvait me rien dire de satisfaisant. Il cherchait à me consoler.

Il parut enfin cet André, alors l'unique objet de mes alarmes. Il descendit de cheval, et m'embrassa, en me saluant du titre de seigneur châtelain. « Hé, d'où viens-tu, malheureux, que » j'ai cru perdu? — Ma foi, Monsieur, » j'ai vu que je ne mangerais et que je » ne dormirais pas plus que vous, et » j'ai voulu utiliser le temps. »

Le notaire d'Étampes n'avait rien à vendre, et l'avait adressé à celui d'Arpajon. Il était parti, et était arrivé trop tard pour voir le notaire. Mais il avait passé une bonne nuit : les exhalaisons pestilentielles de nos sacs ne lui offusquaient plus le cerveau.

A la pointe du jour, il avait fait lever le garde-notes, et comme il n'entend rien aux affaires, il s'en était rapporté uniquement à lui. Cent acres d'excellente terre, nommés le fief de la tour, parce que dans le milieu s'élève une grosse tour carrée, bâtie du temps des croisades ; une rivière d'eau limpide qui entoure la forteresse ; des bois, des prés, des terres labourables composent l'ensemble de cette propriété. Elle rapporte net deux mille livres par an, et le notaire en a voulu trente mille. « J'en aurais donné, Monsieur, jusqu'à

» votre dernier écu, pour que nous » n'ayons plus ces vilains sacs sous les » yeux. Le notaire m'a fait signer un » acte provisoire, et je lui ai promis » que dans la journée l'affaire serait » terminée. — Mais, André, as-tu vu » ta tour carrée, tes bois, tes prés, tes » terres labourables? — Non, Monsieur. Tous les notaires sont des gens » pleins d'instruction, de probité, » d'honneur et de délicatesse. Cela » pourra changer; mais en attendant, » on peut traiter de confiance avec » eux.

» Je vais mettre les mules à la voi- » ture; nous y jetterons vos sacs, et » nous irons nous en débarrasser. Ce » qui nous restera ne nous empêchera » pas de dormir. »

J'allai prendre congé de ma mère, pendant qu'André faisait ses dispositions. Nous montâmes en voiture, et nous prîmes gaiement le chemin d'Arpajon.

« Mais, André, que ferons-nous de » ta grosse tour carrée? — Votre ha- » bitation. — Je ne logerai pas Colombe » dans une grosse tour carrée. — Pour- » quoi cela, Monsieur? Elle y sera en » sûreté contre les amis et les ennemis. » quand la guerre civile se rallumera: » lorsqu'on a une très-jolie femme, il » faut tout prévoir. — Par saint An » toine, tu as raison. — On ne pourra » pénétrer jusqu'à elle qu'à coups de » canon, et on ne s'amusera pas à ca- » nonner une tour isolée, dont les » murs ont, peut-être, quatre pieds d'é- » paisseur. — Ce serait faire le mal, » uniquement pour le mal. — Et ces » voleurs qu'on nomme des conquérans » ne le font jamais sans motif. — Tu as

» raison, tu as raison, tu as toujours » raison. — N'est-il pas vrai, Mon- » sieur? »

C'est une singulière chose que le sentiment de la propriété. Peut-être n'est-il qu'une espèce d'avarice, qu'on n'a pas assez observée. J'avais tremblé de perdre mon argent; l'idée de me trouver propriétaire m'enivrait. Ces deux sensations étaient exagérées, sans doute; mais l'une et l'autre tenaient exclusivement à l'amour de moi.

« André, mon grade de capitaine » m'ennoblit. La possession d'un fief, » jointe à ce titre, ne me rend-elle pas » gentilhomme? — Ma foi, Monsieur, » je n'en sais rien; mais je crois qu'au » moins vous pouvez vous appeler » Monsieur de la Tour. — Hé, ce nom- » là résonne agréablement à mon » oreille.

» Nous entrons dans mon château » fort par un pont-levis...... — Qui » peut-être n'a pas été levé depuis un » siècle. — Au rez-de-chaussée, nous » trouvons l'ancienne salle des gardes » des chevaliers de la Tour. — Nous la » coupons en deux parties. D'un côté » sera la cuisine, pièce essentielle, » Monsieur. — De l'autre la salle à » manger. Au premier, nous prati- » quons un logement gai et commode. » — Au second, logeront votre servi- » teur, votre jardinier, et votre fille de » basse-cour. — De la plate-forme, je » jouis d'une vue superbe, nonchalam- » ment accoudé sur l'ouverture d'un » de mes créneaux.

» Je fais entrer ma petite rivière » dans mon jardin. — Un étang reçoit » ses eaux. — J'y mets du poisson. — » Je me charge de cela, Monsieur.

» J'aime beaucoup le poisson.—Et puis » c'est une ressource à la campagne. Je » fais percer des allées dans mon bois. » — J'y construis des bancs de ga- » zon, de distance en distance. —C'est » là que je vais chercher, avec Co- » lombe, la fraîcheur et l'amour. »

Nous entrâmes à Arpajon, en faisant des châteaux en Espagne. Nous descendîmes chez le notaire; nous lui délivrâmes nos fonds; il rédigea le contrat; le propriétaire fut mandé; il signa, et me voilà Monsieur de la Tour.

« André, allons prendre possession » de mon manoir. — Ne perdons pas » un instant, Monsieur.—Mon fermier » s'empressera de nous servir à dîner. » — Oh, peu de chose, une soupe au » lait, des œufs frais, un dindonneau, » une salade, et quelques fruits. — Il

» nous couvre à chacun un bon lit, à
» la ferme ou à la tour : nous en avons
» grand besoin. — A notre réveil, je
» fais venir des journaliers... — N'es-tu
» pas un peu ingénieur, André? — Je
» suis astronome, Monsieur. — Quand
» on peut, comme toi, dessiner le plan
» de la lune, on n'est pas embarrassé de
» faire aligner quelques allées. — Oh,
» rien ne m'embarrasse, Monsieur. —
» Tu dirigeras les travaux. »

Bientôt nous distinguâmes, de loin, cette tour qui flattait si agréablement mon ambition, et nous lui trouvâmes un aspect imposant. A mesure que nous approchâmes, elle nous parut un peu dégradée, et nous cherchâmes en vain ces créneaux, signes de ma puissance.

Nous arrivâmes enfin, et un rustre, en sabots, nous demanda ce que nous voulions : c'était mon fermier. André lui présenta notre contrat d'acquisition : il ne savait pas lire. Il lui en donna communication, et ce manant se mit à courir, comme si nous étions des épouvantails. Il revint bientôt avec une vieille canardière et deux pistolets rouillés. Il tira ses trois coups en l'air; il s'approcha ensuite, son bonnet de laine à la main; il m'adressa un compliment assez mal tourné; il s'embrouilla deux ou trois fois; mais je vis avec plaisir que cet homme se mettait à sa place.

Nous nous avançâmes vers la tour. Une planche vermoulue avait remplacé le pont-levis; la salle des gardes était transformée en poulailler; le premier étage tenait lieu de grange, et le second était devenu un colombier. Le terrain, à cent pas à la ronde, était chargé des débris d'un ancien château, et de décombres, qui s'échappaient successivement du haut de la tour. Je me promis bien de la faire rétablir : elle était la preuve et la garantie de ma noblesse.

Je ne pouvais trancher du grand seigneur sur ma plate-forme ; je me décidai à m'humaniser, et nous entrâmes à la ferme. Ma fermière était crottée des pieds à la naissance des reins ; quatre enfans barbotaient dans la boue, avec quelques canards. « André, il me sem-
» ble que ton notaire, si plein d'hon-
» neur et de délicatesse, a diablement
» fardé sa marchandise. — Monsieur,
» il n'a rien avancé que de vrai. Voilà
» la tour, les bois, les prairies, la ri-
» vière, et de plus une ferme, dont il
» n'a pas parlé. Voilà le bail qui sou-
» met votre fermier à vous payer deux
» mille livres par an. Que voulez-vous

» de plus? — Une habitation agréable.
» — Vous l'aurez. On fait tout avec de
» l'argent, et sur les dix mille livres
» que vous a données le maréchal, nous
» n'avons dépensé que vingt écus en
» frais de route. »

Je priai ma fermière de nous apprêter à dîner. Elle avait porté, le matin, toutes ses provisions au marché de Corbeil. Il ne lui restait que de vieilles poules, de vieux canards, de vieux pigeons, et des œufs, qui attendaient l'hiver sur la paille. « Ma foi, me dit
» André, il vaut mieux manger des
» œufs qui sentent la paille, que de ne
» pas manger du tout. La mère, faites-
» nous une omelette. — Monsieur, il
» ne me reste pas de beurre. — Faites-
» la à l'huile. — Je n'ai que celle de not'
» lampe. — Pouah! pouah! il y a de
» l'eau dans la rivière; mettez-en sur le

» feu, et faites-nous des œufs durs.
» Voyons votre pain. Ah, qu'il est noir!
» qu'il est sec! — Je dois cuire demain.
» Cela nous avancera beaucoup. »

Je proposai à André d'aller visiter ce bois, où je devais fixer l'amour et le bonheur. Il était tellement obstrué de ronces et de broussailles, qu'un hérisson n'eût pu y pénétrer. « Quelle chute, » lui dis-je! toutes mes illusions sont » détruites. — Elles renaîtront, Mon» sieur. »

En mangeant nos œufs durs, en trempant notre pain noir dans de la piquette, nous parlâmes du coucher. Thomas n'avait qu'un mauvais lit. de six pieds en carré, qu'il partageait avec Catherine, et leurs quatre marmots. « Ah, mon ami André, quel réveil » succède au rêve charmant que nous » faisions il y a trois heures! — Hé,

» monsieur, vous commencez toujours » par vous affliger. Je vais vous coucher » en grand seigneur. Montons à ce pre- » mier étage, qu'habitaient les anciens » chevaliers de la Tour : on doit y res- » pirer encore un air de noblesse. Je » délie cinq à six bottes de paille; je » vous fais un oreiller de la sacoche qui » renferme le reste de votre argent; » nous nous couchons; nous dormons » profondément, et demain nous ver- » rons. »

CHAPITRE IV.

M. de la Tour fait un voyage à Paris.

IL y avait, dans la salle des gardes, un grand nombre de poules, et cinq à six coqs, au moins. Ils se mirent à chanter long-temps avant le jour; mais nous dormions depuis sept heures du soir. « Vous voyez, Monsieur, me dit » André, que vous retrouvez les avanta- » ges, dont jouissaient vos illustres pré- » décesseurs. Ces gardes-ci n'avertissent

» pas de l'approche de l'ennemi ; mais » ils annoncent le retour du soleil, c'est » quelque chose.

» — Voyons, mon ami André, ce » que nous ferons aujourd'hui. — Il » faut d'abord nous loger, et assurer » nos moyens de subsistance. — Sans » doute. Nos fumées de noblesse sont » beaucoup pour la vanité ; mais elles » n'ont rien de substantiel. — Nous » louons une maison à Arpajon. — Tu » y établis une bonne cuisinière. — Je » fais moi-même la cuisine au besoin. — » Cela ne se peut pas. Tu es mon ami, » mon écuyer, et je ne veux pas que tu » déroges. — Diable ! me voilà presque » noble, moi ! Et puis, il y aura ici » des travaux à suivre, et ce soin-là » me regarde. D'abord, je fais démolir » la tour. — Et mon nom, étourdi ? — » Elle a donné le sien au fief ; c'est ainsi

» qu'il est désigné dans tous les actes.
» et il le conservera. — A la bonne
» heure.

» — Je présume que ces énormes
» pierres sont liées intérieurement par
» des attaches en fer; toutes les fenêtres
» sont grillées. — Nous trouverons peut-
» être des plombs qui servaient à con-
» duire les eaux... — Vous y voilà,
» Monsieur. Avec les débris, nous éle-
» vons un monticule... — Sur lequel
» sera élevée une maison jolie et com-
» mode... — De laquelle vous domine-
» rez l'ensemble de votre domaine. —
» Nous la bâtissons avec une partie des
» matériaux... — Et nous vendons le
» surplus pour en payer la façon. C'est
» bien cela, Monsieur. »

Nous nous levâmes, avec le soleil. Nous examinâmes la tour dans ses plus grands détails. Nous jugeâmes qu'il y avait sept à huit maisons dans ces grosses murailles-là.

Thomas nous proposa de faire déblayer le bois, si nous voulions lui abandonner les ronces, les broussailles et leurs racines. C'était pour lui un très-bon marché; mais j'étais pressé de jouir. Je voulais, d'ailleurs, donner à mon fermier une haute idée de ma générosité. J'acceptai sa proposition, à condition que ce travail serait terminé dans quinze jours. Je me proposais de faire élever, de suite, au milieu des bois, une chapelle à mon patron, qui m'avait toujours visiblement protégé. C'est-à que j'irai prier avec Colombe.

Nous partîmes pour Arpajon. Nous prîmes Thomas avec nous, pour qu'il ramenât, au fief, ma voiture et mes bêtes de somme. Le bail ne l'obligeait pas à les nourrir; mais un seigneur a incontestablement le droit de fouler un peu ses vassaux.

Avant la fin de la journée, nous avions une maison, quelques meubles, et une jolie cuisinière, qui nous a fait faire deux bons repas. Je représentai à André qu'il n'était pas nécessaire que j'eusse une jolie cuisinière. Il me répondit qu'une figure intéressante récree toujours la vue, et ne coûte pas plus cher qu'une autre. « André, il n'est » qu'une figure qui puisse m'intéresser. » — Moi, Monsieur, je n'ai pas de Co- » lombe. »

Le lendemain, un maître maçon fut mandé. Nous lui fîmes part de nos projets; il en trouva l'exécution facile, et peu dispendieuse : on n'a jamais de discussions avec les ouvriers, que lorsqu'il s'agit de les payer.

Il nous traça, sur une ardoise, un

plan de maison qui me plut beaucoup. Ce qui me flatta singulièrement, c'est que du milieu d'un toit, en plate-forme, devait s'élever une tour de douze pieds de haut, dont l'architecture serait conforme, en tout, à celle qui était en usage, dans le bon temps des croisades. Au sommet, devaient être des créneaux, dans les ouvertures desquels je me proposais de placer des canons de bois. C'est de-là, qu'avec un porte-voix, je donnerais des ordres à mon fermier.

La plate-forme de la maison serait entourée d'une balustrade en fer. C'est-là, que je me dépouillerais de ma grandeur, et que je prendrais l'air avec Colombe.

A la droite de la maison devaient être un hangard, et une écurie; à gauche, mon bûcher et ma basse-cour.

Enfin, comme il ne convient pas que l'habitation d'un misérable laboureur touche à celle de son seigneur, il fut décidé que la ferme, dont les murs étaient de terre glaise, serait transportée à cent toises de mon manoir, et rebâtie en pierres de taille : je voulais travailler pour ma postérité.

Après avoir arrêté, définitivement, nos plans, il fut question du paiement. Maître Dubois nous dit qu'il ignorait ce qu'on tirerait de la vieille tour, et cela était vrai. Il ajouta, selon l'usage, qu'il nous traiterait en conscience, et que nous n'aurions pas de démêlés. Je lui ordonnai de mettre la main à l'œuvre, sans délai. Je prenais l'habitude commode de donner des ordres à tout le monde : j'étais noble, et j'avais de l'argent.

« Monsieur, me dit André, vous êtes

» impatient et désœuvré. Vous vous » ennuierez beaucoup ici. Vous feriez » bien d'aller à Paris. —Pár saint An- » toine, je crois que tú as raison. »

Je ne connaissais pas la capitale, et je me promis beaucoup de plaisir à la visiter. D'ailleurs, j'avais vu, à Blois, le roi et le duc de Guise; ils étaient rentrés à Paris, et je me proposais de leur faire une cour assidue.

J'envoyai prendre mon cheval à la tour. Je fis attacher une valise derrière; je mis quelques pièces d'or dans ma bourse; je laissai à André le surplus de nos fonds; je le nommai mon représentant, en présence de Dubois; je lui recommandai de faire marcher les travaux avec la plus grande activité; je l'embrassai, et je partis.

Quelle ville magnifique que Paris! Deux ponts en pierre, pour y entrer;

des maisons élevées de deux ou trois étages, dont un tiers, au plus, est bâti en bois ; des rues, presque circulaires, qui laissent deviner à l'œil ce qu'il va voir, et dont la moitié est pavée, celles-là sont balayées tous les quinze jours ; une majestueuse cathédrale, où l'on arrive en montant dix degrés. Les savans prétendent qu'autrefois on en montait treize, il paraît que le terrain s'est exhaussé; dix couvens d'hommes et de filles, dans chaque quartier, dont un, rue Saint-Antoine, est dédié à mon patron; une rivière bordée partout de joncs et de roseaux, très-utiles à ceux qui gagnent leur vie, en faisant des paniers, dont les dames décorent leur toilette; jusqu'à quinze ou vingt bateaux, qui approvisionnent journellement la ville, et qu'on a grand soin de brûler, pendant les guerres civiles, pour empêcher les ennemis d'entrer à Paris, quand on ne veut pas les y recevoir; des filoux qui pullulent le soir, ce qui prouve que l'industrie fait tous les jours des progrès, car on ne vole pas ceux qui n'ont rien; un guet, chargé de veiller à la sûreté publique, ce qui est très-beau, et ce qui n'empêche pas les gens raisonnables de rentrer chez eux à la chute du jour; enfin des théâtres, pour l'amusement des oisifs, plaisir très-condamnable, sans doute, mais qui empêche souvent de faire plus mal. Tel est, en gros, le tableau de Paris.

Le projet sublime, conçu sous le nom d'Andréades et de Mouchettes, et qui amena une scène très-vive entre mon écuyer et moi, commençait à s'exécuter. Pour être voisin de mon patron, je cherchai un logement dans la rue Saint-Antoine, et j'y trouvai, pour quinze sols par jour, une chambre avec un lit pour moi, et une place à l'écurie pour mon cheval.

Madame Mortier se chargea de me bien nourrir, et son mari de traiter et de soigner mon coursier, en raison de six sols par repas; mais je devais être nourri comme un prince, et lui comme Bucéphale. Tout cela était un peu cher; mais il faut que tout le monde vive.

Monsieur Mortier était pourvoyeur, pour la cour, du poisson de mer qu'il allait prendre à Dieppe, deux fois par semaine. Il avait eu l'heureuse idée de ménager, sur le devant de sa voiture, trois places pour des amateurs, manière très-agréable de voyager, pour ceux qui aiment l'odeur de la marée.

Si André eût été avec moi, il m'eût fait remarquer que les beaux esprits se rencontrent, et il m'eût exprimé ses regrets d'avoir été prévenu par Mortier. Je lui aurais fermé la bouche, en lui déclarant que les arts mécaniques sont au-dessous de monsieur de la Tour et de son écuyer.

Je m'habillai avec la dernière élégance, pour aller rendre une visite au roi. Il y avait alors, à Paris, des gens, qui, pour deux sols, vous conduisaient le soir, d'un bout de la ville à l'autre, un fallot à la main. Il y avait aussi, aux portes du Louvre, des officieux, qui se chargeaient de tenir les chevaux et les mules de ceux qui venaient faire leur cour au souverain.

Je m'avançai, la tête haute, la poitrine ouverte, et le jarret tendu. Un factionnaire me demanda ce que je voulais. « Je veux tirer ma révérence

» au roi. » Il me rit au nez, et me tourna le dos.

Ah, pensai-je, si le roi savait que je suis ici, moi, qui ai été admis dans son cabinet, à qui il a pincé les joues, et qui ai eu l'honneur de lui traduire la lettre du maréchal de Biron; s'il savait que je suis noble, et même gentilhomme, il m'enverrait prendre par un écuyer, et j'aurais l'honneur d'approcher et de saluer le roi. Un misérable factionnaire ose me rire au nez!

Je tournai mes pas d'un autre côté, et partout je trouvai des gardes qui me fermaient les passages. Je commençai à avoir de l'humeur, beaucoup d'humeur, lorsque la reine Catherine de Médicis descendit les degrés, appuyée sur l'épaule de son écuyer Davila.

Oh, celui-là, me dis-je, a vécu, sans

façon, avec moi, chez il signor Zampini. Il m'a quitté assez lestement; mais il me reconnaîtra, et cela me suffit. Quelques seigneurs se groupèrent autour de la reine Catherine, et son écuyer prit rang à la suite du cortége. J'allai à lui et je lui pris la main; cela me paraissait tout simple. Il la dégagea, me fixa, et recula de quelques pas. « Qui êtes-» vous? que voulez-vous?... Hé, mais.. » que je me rappelle.... c'est ce petit » musicien, qui a joué du serpent à la » procession des bilboquets, à Blois. » — C'est moi qui vous ai donné le » maréchal de Biron, et le comte de » Montbazon. — Vous avez aussi donné » le comte au duc de Guise. Avez-vous » encore quelque présent de ce genre-» là à nous faire? — Je ne suis ici, ni » pour donner, ni pour recevoir. — » Diable, vous êtes fier! Que venez-vous

» donc faire à la cour? — Je viens me » rappeler au souvenir du roi. — Ah, » ah, ah! Il est comique ce petit ser- » pent. Apprenez, mon ami, que les » plus grands seigneurs, les ducs de » Guise, d'Épernon et de Joyeuse ex- » ceptés, n'approchent le roi que lors- » qu'ils sont mandés. Les moines seuls » ont le privilége de le voir, en tout » lieu et à toute heure, parce qu'il les » aime beaucoup. Vous n'êtes pas moine, » retournez d'où vous êtes venu. »

Tu retomberas donc toujours, me dis-je, dans ce vilain péché d'orgueil, qui t'a si souvent égaré! Qui es-tu, pour prétendre être admis, sans motif, dans le cabinet du roi, pour oser prendre familièrement la main à l'écuyer de la reine Catherine! Oh, que tu mérites bien l'humiliation que tu viens de subir!

A l'instant, les fumées, qui m'étaient montées à la tête, se dissipèrent. Mes idées de noblesse s'évanouirent, et je résolus de n'être plus que l'époux, l'amant de Colombe. C'était assez pour mon bonheur. Je ne pouvais alors en désirer d'autre.

Je remontai à cheval, et je gagnai ma rue Saint-Antoine, en pensant à ma modeste maison, à mon étang, et à mes bosquets. L'homme perd tout en s'éloignant de la nature; c'est une bonne mère qui lui ouvre ses bras, quand il est assez sage pour s'en rapprocher.

J'approchais de la maison de Mortier, entièrement rendu à moi-même. Une troupe de cavaliers occupait toute la largeur de la rue. Je me rangeai contre le mur, pour la laisser passer. C'était le duc de Guise, qui venait de passer en revue un corps de ligueurs, sur la place de la Bastille. Il me reconnut, et piqua droit à moi.

« Je me souviens très-bien de vous » avoir nommé capitaine, il y a quelques » mois. A quelle armée de la ligue êtes- » vous attaché ? — Monseigneur, j'ai » été employé, pendant quelques jours, » par le général Poussanville ; maintenant » je suis sans emploi. — Mon cher » ami, je vous replacerai. Vous êtes » jeune, fort, brave ; je veux que vous » serviez. Péricard, vous n'oublierez » pas cela.... A propos, vous m'avez » parlé d'une jeune et jolie femme qui » chantait des cantiques, comme un petit » ange, sur la route de la Rochelle » à Lusignan. Qu'est-elle devenue ? »

Quelle différence entre les manières d'un prince, qui descend directement des Carlovingiens, ainsi qu'il l'a fait imprimer, et celles d'un faquin d'Italien, qui n'est que l'écuyer d'une étrangère ! Ce prince, qui prouve, à toute la France, que les Valois sont des usurpateurs, m'appelle son cher ami ! Son cher ami ! Il y a de quoi devenir fou !

Je lui racontai comment Colombe m'avait cru mort ; comment de désespoir, elle s'était jetée dans un couvent ; comment l'évêque de Limoges lui avait donné les dispenses nécessaires pour prononcer ses vœux, et comment il avait refusé de me la rendre.

« Suivez-moi, mon cher ami, me dit » le prince, je vais arranger cette af- » faire-là. » Son cher ami !

Je marchai, immédiatement derrière lui. Nous rencontrâmes, dans la rue Saint-Honoré, Davila, qui allait exercer des chevaux neufs. Il se colla à la première maison, et salua profondément M. de Guise. Il me regarda. J'enfonçai ma toque sur ma tête, et je portai la main sur la garde de mon épée. Il pâlit.

Le duc me fit entrer dans son cabinet. Il avait auprès de lui le duc de Mayenne, son frère, le comte de Brissac, Péricard et Maineville. Je me promis bien de démêler la véritable disposition des esprits. Il ne fallait que des mots jetés au hasard pour former mon opinion. Je redevins la Mouche.

M. de Guise aime beaucoup les aventures. Il me fit raconter celles qui m'étaient arrivées à Limoges, et plus récemment à Étampes. Je remarquai qu'il n'était pas toujours à ce que je racontais. Il riait souvent; mais il réfléchissait par intervalles. « La Tour, me » dit-il, les évêques et les moines sont » des hommes. Ils peuvent avoir des

» faiblesses, sans cesser d'être respec-
» tables. — Monseigneur, c'est ce que
» j'ai toujours pensé. — Péricard, il
» faut ôter Vernier d'Étampes..—Mon-
» seigneur, c'est à ce magistrat que j'ai
» dû la satisfaction d'embrasser ma
» mère.—C'est fort bien, on lui donnera
» une place avantageuse à l'université.»
Je compris qu'un procureur du roi, juste envers tout le monde, même avec les moines, ne marche pas dans le sens de la ligue, et qu'il peut être dangereux, pour elle, aux portes de Paris. Je convins, intérieurement, que les habitans d'Étampes, qui avaient souffert l'humiliation des franciscains, n'étaient que des catholiques tièdes et tolérans, et qu'il leur fallait un procureur du roi, qui ranimât leur ferveur.

« Péricard, vous noterez l'évêque de

» Limoges pour un archevêché. —
» Comment, Monseigneur, celui qui
» m'a ôté ma femme! — Il vous la ren-
» dra. »

Je sentis que ce prélat maintenait ses diocésains dans la fervente piété, qui seule fait des élus, et que ses talens le rendaient digne d'une scène plus vaste.

« J'ai à me plaindre de monsieur de
» Biron. Personne ne l'a contraint à
» m'écrire une lettre de soumission et
» de dévouement, et il a pris parti pour
» le roi; mais j'ai conservé sa lettre. »

M'y voilà, pensai-je. Le maréchal est un brave officier, et un grand général. Le duc de Guise inspirera, contre lui, de la défiance au roi, et l'empêchera de l'employer, en lui envoyant cette lettre, quand il en sera temps.

Le duc m'adressa plusieurs questions sur les forces de la ligue, dans les provinces que j'avais parcourues, et sur les desseins qu'on pouvait attribuer aux huguenots. Je dois, me dis-je, l'accueil, que me fait ce prince, au désir d'acquérir des lumières propres à diriger sa conduite; mais que m'importent ses vues particulières, s'il me rend ma Colombe, l'objet de mes vœux les plus chers?

La conversation devint générale, et on cessa de s'occuper de moi. J'aurais ramené de suite le duc à sa promesse. si je n'avais espéré découvrir encore quelque chose. En effet, je crus entrevoir qu'on tramait quelque coup décisif. Peut-être pensait-on à enfermer le roi dans un cloître. Il me parut constant que le duc, malgré sa prudence et sa pénétration, était entraîné par les chefs de son parti; qu'on lui faisait prendre, chaque jour, des mesures, qui ne s'accordaient pas avec son plan général, et que de là, naissaient ces hésitations apparentes, que lui reprochaient ses principaux officiers.

Je profitai d'un moment de silence pour prononcer le nom de Colombe. « Il a raison, s'écria le duc. Péricard, » vous irez demain de bonne heure » chez le légat, et vous lui raconterez » ce qui s'est passé au couvent des » filles de Saint-Augustin de Limoges. » Vous lui ferez sentir que celui qui » représente ici le pape dans les affaires » temporelles, peut être aussi son re» présentant dans les choses spirituelles. » Vous le prierez de vous expédier, sans » délai, une bulle qui annulle les vœux » de Colombe. » J'étais assis dans un coin du cabinet. D'un saut, je tombai aux pieds du duc de Guise, et je les pressai dans mes bras.

« Péricard, si le légat résiste, vous » lui représenterez, qu'en sa qualité » de cardinal, il est fort au-dessus d'un » évêque. Que, d'ailleurs, celui de » Limoges ne fera entendre aucune » plainte, parce qu'il saura que je le » présenterai pour le premier arche- » vêché vacant. Vous ferez cette lettre, » Péricard, et la Tour la lui remettra. » Enfin, si le légat ne se rend point à » ces raisons-là, vous lui direz que je » le veux.

» La Tour, vous viendrez demain à » midi, prendre vos dépêches. Vous » observerez, soigneusement, sur la » route, tout ce qui aura rapport aux » affaires politiques, et vous m'en ren- » drez compte. Allez. »

L'austère piété du roi m'avait fait

fermer les yeux sur ses mignons, son bilboquet et ses petits chiens. Je m'étais attaché à lui irrévocablement : je le croyais du moins. Mais comment résister à un prince qui m'appelle son cher ami, et qui me rend Colombe, Colombe que je ne cessais d'adorer, sans espoir de la revoir jamais, Colombe qui va répandre sur ma vie des torrens de félicité? je devins guisard, et je sentis que je l'étais sans retour.

« On me la rend, on me la rend, » criai-je à madame Mortier, en lui » prenant la tête à deux mains, et en » l'embrassant de toutes mes forces. — » Qui donc, Monsieur? — Hé, ma » Colombe. —Qu'est-ce que cette Co- » lombe?» Je lui racontai ce qui venait de se passer chez le duc de Guise.

De ce moment, j'oubliai André, ma vieille tour et ma noblesse. J'étais tout à l'amour, et à l'avenir qu'il me promettait. Madame Mortier me servit un joli dîner. A peine le regardai-je.

Un jeune homme, dans ma position, tient difficilement en place. Je me levai, je sortis, et je marchai au hasard par la ville.

Je commençais à me fatiguer, lorsque je vis un certain nombre de personnes rassemblées devant une maison assez vaste. C'était l'hôtel de Bourgogne. Il était deux heures, et la comédie italienne allait commencer. Je pensai qu'il valait autant me reposer là qu'ailleurs. On me dit à la porte que tout était plein, excepté le parterre. Je donnai mes quatre sous, et j'entrai.

Je ne concevais pas comment les places les moins chères étaient les moins garnies. Je sus bientôt à quoi m'en tenir. Arlequin, Pantalon, le Docteur et Argentine m'ennuyèrent complètement : je n'entendais rien à leur baragouin. Je compris que le peuple veut avoir du plaisir pour son argent.

Je portai les yeux dans les régions élevées de la salle. Je remarquai, sur la plupart des physionomies, un air d'incertitude qui me fit juger que ces gens-là n'entendaient pas l'italien ; je surpris même quelques bâillemens. Que viennent-ils faire là..? ah, je vois ce que c'est. Ce théâtre est soutenu par la cour, et il est du bon ton de venir s'y ennuyer.

J'étais las en y entrant, et j'y étais debout. La fatigue et le dégoût m'en chassèrent.

Il fallait cependant employer à quelque chose le reste de ma soirée. Je me fis conduire au collége de Boncours, où on jouait la Cléopâtre captive, de Jodelle. Je craignais de n'y pas trouver de place; il y avait à peine cent personnes, et je fus commodément assis. Jodelle est, sans contredit, le premier poète tragique français, et je marquai à un monsieur, près de qui j'étais, mon étonnement de ce que ses chefs-d'œuvre ne fussent pas plus suivis. « Tout le monde, me dit-il, sait les » belles choses par cœur, et on finit » par se lasser de tout. Le Français, » d'ailleurs, aime la nouveauté, et il » court voir des niaiseries, que con- » damne le bon goût. Ceux que vous » voyez ici sont tous passionnés pour » la belle et bonne littérature. Là, » vis-à-vis de vous, est le vieux et » célèbre Remi Belleau. Il a écrit des » pastorales, dignes des églogues de

» Virgile. Sa traduction d'Anacréon » est aussi estimée que l'original. Il » est membre de la pléïade française, » espèce d'académie, composée de » sept poètes, fondée par Ronsard, » sur le modèle de celle qu'institua » Charlemagne. Il assiste à toutes les » représentations des sublimes tra- » gédies de Jodelle, pour qui il con- » serve la plus grande vénération. »

On venait de finir Joseph vendu par ses frères, lorsque je me plaçai. Il était, par conséquent, inutile que je demandasse à mon voisin ce qu'il en pensait. Mais j'avoue que je ressemblais un peu à ces gens qui admirent sur parole, et qui sont certains de n'être jamais contredits, puisqu'ils partagent l'exaltation générale. Je n'avais que des idées très-confuses de Jodelle; je fis tomber la conversation sur cet admirable poète, avec assez d'adresse pour ne pas compromettre mon amour-propre.

J'appris qu'Étienne Jodelle, sieur de Limodin, naquit à Paris en 1532. Il fut le premier poète français qui nous donna une tragédie. Sa Cléopâtre captive eut un succès prodigieux, et lui valut l'honneur d'être reçu membre de la pléïade française. Sa Didon et sa comédie d'Eugène parurent ensuite, et réussirent également. Sa facilité était telle, qu'aucune de ses pièces de théâtre ne lui coûta plus de dix matinées de travail.

Il écrivit des sonnets, des chansons, des odes, des élégies. Il fit des vers latins, que les docteurs de l'université admiraient encore, à l'époque où je fus voir sa Cléopâtre.

Il jouit, pendant sa vie, d'une réputation colossale, et la postérité a confirmé le jugement de ses contemporains. Henri II l'estimait beaucoup, et paraissait disposé à lui faire du bien. Mais il est rare qu'un homme de génie s'abaisse jusqu'à faire sa cour aux grands. Jodelle vécut dans les plaisirs, et mourut pauvre, en 1573. Il était âgé de quarante et un ans.

Le moment désiré arriva enfin; la pièce commença. J'étais tout yeux et tout oreilles. Quand ceux qui étaient chargés des rôlets déclamaient un vers marquant, mon voisin me donnait un coup de genou, pour m'en faire remarquer la beauté. Cette précaution était fort inutile : je reconnus que j'avais, comme lui, de l'âme et de l'imagination.

Je sentis, avec une satisfaction inexprimable, que Jodelle s'était formé à la lecture des anciens : chacun de ses actes se termine par un chœur. Je suis musicien, et je les trouvai assez mal chantés, quoiqu'ils charmassent mon voisin. Mais les chanteurs se donnaient la peine de prononcer très-distinctement, et je ne perdais pas un mot : c'est tout ce que je désirais.

J'éprouvais souvent un enthousiasme que je ne pouvais maîtriser, et qui m'eût fait paraître ridicule, s'il n'eût été partagé par tous ceux qui jouissaient de ce chef-d'œuvre. Au cinquième acte, lorsque l'actrice qui représentait Cléopâtre prononça les vers suivans, des transports, des cris, des trépignemens me firent croire que la salle allait s'abîmer. Je les ai retenus ces vers : malheur à quiconque les a entendus une fois, et a pu les oublier !

Icy sont deux amans, qui heureux en leur vie
D'heur, d'honneur, de liesse ont leur âme assouvie,
Mais enfin tel malheur on les vit encourir,
Que le bonheur des deux fut bientôt de mourir

Quelle idée sublime de faire faire à l'héroïne son épitaphe sur la scène! Sophocle et Euripide n'ont rien imaginé qu'on puisse comparer à ce trait de génie, et les successeurs de Jodelle n'approcheront jamais de lui.

Cléopâtre continue :

Reçoy, reçoy moi donc, avant que César parte,
Que plustôst mon esprit, que mon bonheur s'écarte,
Car entre tout le mal, peine, douleur, encombre,
Soupirs, regrets, soucis, que j'ai soufferts sans nombre,
J'estime le plus grief, ce bien petit de temps
Que de toi, ô Antoine, éloigner je me sens.

A la fin de la pièce, l'actrice fut écrasée d'applaudissemens. Elle en marqua sa reconnaissance au public, en lui débitant d'elle-même, et sans y être invitée, le fameux monologue de Didon, autre chef-d'œuvre de Jodelle, qu'on redemande toujours à grands cris, quand on joue cette tragédie.

Dieux ! qu'ai-je soupçonné ! dieux ! grands dieux, qu'ai-je sceu ?
Mais qu'ai-je de mes yeux moi-même — apperçeu ?
Veut donc ce desloyal avec ses mains traistesses,
Mon honneur, mes bienfaits, son honneur, ses promesses
Donner pour proie aux vents ? je sens, je sens glacer
Mon sang, mon cœur, ma voix, ma force et mon penser
Las, amour, que deviens-je, et quelle aspre furie
Se vient planter au but de ma trompeuse vie ?
Trompeuse, qui flattait mon aveugle raison
Pour enfin l'estouffer d'un étrange poison !
Est-ce ainsi que le ciel nos fortunes balence ?
Est-ce ainsi qu'un bienfait le bienfait récompense ?
Est-ce ainsi que la foi tient l'amour arresté ?
Plus de grâce à l'amour, moins il a de seur'té.
O trop fresle espérance ! ô cruelle journée !
O trop légère Élise ! ô trop parjure Énée !

Je sortis du théâtre, pénétré d'impressions, si vives, si entraînantes, que je ne les oublierai de ma vie.

Je soupai de grand appétit, et en soupant, je récitai les vers admirables de Jodelle. Je cherchai à prendre les inflexions de voix de l'actrice, qui avait entraîné tous les spectateurs. Madame Mortier était arrêtée devant moi, et m'écoutait avec ravissement. Tel est l'empire du vrai beau; il séduit, il subjugue jusqu'à ceux qui paraissent le moins faits pour le sentir. Oui, Jodelle est le plus grand poète qui ait paru, et qui paraîtra jamais.

Je me couchai, en répétant ces vers sublimes. Je m'endormis, en pensant à Colombe, à Cléopâtre, et à Didon.

En m'éveillant, je me trouvai assez tranquille pour récapituler les événemens de la veille. Grand saint Antoine, pardonnez-moi de ne vous avoir pas donné un moment dans la journée. Je suis tombé, comme un païen, aux pieds du duc de Guise; c'est devant votre image que je devais me prosterner; c'est à vous seul que je dois tout ce qui m'est arrivé d'heureux; c'est vous qui avez inspiré au duc de Guise l'idée de faire relever Colombe de ses vœux. Soyez béni à jamais.

On sent bien que je fus de la plus grande exactitude au rendez-vous que m'avait donné le duc de Guise. M. Péricard me fit lire l'ordre qui rendait Colombe à la liberté. La lettre de monseigneur à l'évêque de Limoges était déjà cachetée. Je pris les deux pièces, et je m'écriai, en sortant, que le duc de Guise était le plus grand homme qui eût jamais paru en France, et qu'il était digne de la couronne. Péricard sourit.

Je courus à la rue Saint-Antoine; je sautai sur mon cheval, et j'arrivai à Arpajon d'un temps de galop. Je ne trouvai chez nous que la jolie cuisinière. André était à la tour, avec maître Dubois, et une douzaine d'ouvriers. Je poussai jusques-là.

« Mon ami, lui criai-je de loin, il » n'est plus question d'assiéger Limoges, » de forcer le couvent des filles de » Saint-Augustin, et d'enlever Co- » lombe. J'ai dans mon escarcelle la » bulle du légat, qui la relève de ses » vœux. — Monsieur, nous avons déjà » trouvé, entre les ruines de la plate- » forme de la tour et la voûte qui » termine le second étage.... — Il s'agit » bien de cela. — Du fer et un com- » mencement de conduits en plomb... » — Colombe ! Colombe ! — Qui me » donnent l'espérance que votre fief » ne vous coûtera pas cher. »

Je sautai à terre, et j'embrassai André avec une ardeur, une force !... Il ne cessait de me parler fer et plomb;

je ne me lassais pas de répéter le doux nom de Colombe. « Hé, que diable, » Monsieur, il me semble que vous » pouvez bien donner un quart-d'heure » à vos affaires. — Je n'en ai qu'une ; je » n'en peux plus avoir qu'une. — Tou- » jours dans les extrêmes ! Cette tête- » là ne mûrira donc jamais ! » Je consentis à l'écouter, pour qu'il m'écoutât à son tour.

Il avait fait des spéculations à perte de vue. Il comptait les quintaux de fer et de plomb, les toises de magnifiques pierres qu'on tirerait de la tour. Il calculait l'argent que tout cela produirait. Il voyait clairement que non-seulement les bâtimens qu'on allait élever ne coûteraient rien, mais qu'il entrerait dans ma caisse douze ou quinze mille livres. Je bâillais de temps en temps, et alors André fronçait le sourcil.

« Ne te fâche pas, mon ami. Tu sais » qu'il y a trois sortes de bâillemens. » et il y a long-temps que j'ai déjeûné. » — Retournez à Arpajon. Claire est » toujours en mesure, et elle ne vous » laissera manquer de rien. — Tu ne » viens pas avec moi. — Oh, moi, j'ai » tant de choses à faire ! Je compte, et » je fais ranger tous les matériaux qu'on » descend de là haut. Le seul moyen » de n'être pas trompé par ses ouvriers, » c'est de les suivre soi-même. Maître » Dubois m'a répondu de ceux-ci, et » ils voient que j'inscris jusqu'à un » clou; mais cela ne me dispense pas » de les surveiller. Ils se reposeront de » deux à trois heures; alors j'irai vous » retrouver. »

Claire est non-seulement une jolie fille, c'est une petite personne d'un ordre et d'une propreté, qu'on rencontre rarement dans une domestique. Notre maison, bornée et fort simple. avait l'air de quelque chose. Elle me servit un petit dîner, qui me confirma dans la haute opinion que j'avais de ses talens en cuisine.

Elle allait, venait, et était à tout. Elle semblait deviner ce qu'il me fallait. Je ne disais pas un mot, et j'étais servi à la minute. Claire, en revanche, parlait beaucoup. On devine aisément de quel objet j'étais occupé. Le caquet de Claire ne pouvait me donner de distractions, et l'accueil distingué que j'avais reçu du duc de Guise avait reproduit toutes mes idées de grandeur. Cependant je pensai qu'un gentilhomme ne déroge pas, en causant avec une femme, quelle qu'elle soit, surtout lorsqu'elle est jolie : un roi de France a bien daigné danser avec la belle-mère d'André. Je voulus sauver à Claire le désagrément de parler seule. D'ailleurs, il n'a été donné qu'à Jodelle de faire d'excellens monologues.

Je commençai, selon l'usage, par lui parler de la pluie et du beau temps. Elle valait à elle seule, tous les astrologues de Catherine de Médicis. Elle raisonnait sur l'influence de la lune. comme si elle y fût née. Hé, mais, pensais-je, André lui ferait-il faire un cours d'astronomie?

Elle me raconta assez longuement, qu'elle était née à Paris, il y avait vingt ans, d'une marchande de poisson et d'un porte-faix; que son père battait sa mère, et que peu d'années après sa naissance, sa manie de battre s'étendit jusqu'à elle; qu'ayant jugé un jour que M. son père avait porté la correction trop loin, elle avait quitté le toit paternel; qu'elle avait trouvé ouverte la cuisine de Bussy-Leclerc, alors maître en fait d'armes, aujourd'hui procureur au parlement; qu'attirée par l'odeur agaçante d'un rôti, elle était allée s'asseoir auprès du foyer, et que la cuisinière l'avait chargée du soin de tourner la broche; que Bussy-Leclerc l'avait trouvée gentille, et l'avait reçue au nombre des commensaux de sa maison; qu'elle avait grandi sous les yeux de Jacqueline. qui lui apprit tous les secrets de la cuisine; que le vieux Bussy-Leclerc, qui avait des conférences continuelles avec le vieil Espagnol Sanchez, cabaretier d'une haute distinction, s'était grisé avec lui. il y avait trois jours, et s'avisa de dire, pour la première fois à Claire, qu'elle était charmante; qu'il se donna avec elle certaines licences, que Jacqueline prit en mauvaise part ; qu'elle l'avait mise à la porte par les oreilles, lui avait jeté son paquet par la fenêtre, et lui avait crié que si elle la rencontrait dans Paris, elle lui casserait un bras ; qu'enfin elle avait marché au hasard, et s'était trouvée à Arpajon, où M. André l'avait prise à son service.

Pendant qu'elle racontait, je tournais et retournais, dans mes mains, la lettre du duc de Guise à l'évêque de Limoges... Au révérendissime de Mellac, évêque de Limoges. J'avais remarqué que le duc ne faisait rien, sans motifs personnels, et la réflexion me fit trouver, alors, un peu extraordinaires, les marques de bienveillance qu'il m'avait accordées. Je sentis, malgré l'opinion que j'avais de mon mérite, qu'elles avaient pu être l'effet de vues particulières. Qu'attendait-il de moi? Qu'écrivait-il au révérendissime?

Les doigts me démangeaient d'une étrange manière. J'examinais cette lettre dans tous les sens; elle était si bien fermée qu'il était impossible de distinguer un mot de l'intérieur. Un énorme cachet, en cire, portait les armes de la maison de Lorraine, et je n'étais pas assez audacieux pour le rompre. Comment, d'ailleurs, remettre cette lettre à M. de Mellac, avec un sceau, dont l'altération attesterait mon infidélité.

Non, non, me dis-je, je ne trahirai pas la confiance d'un prince, qui m'a appelé son cher ami, et sa lettre arrivera intacte à Limoges.

Cependant mes yeux étaient constamment fixés sur ce cachet. Son épaisseur me donna une idée assez lumineuse.... Cette lettre, pensais-je, ne parle que de moi, ne peut parler que de moi, et il est bien naturel, qu'avant de la présenter, j'en connaisse le contenu. Je fis chauffer légèrement la lame d'un couteau, et j'allais l'appliquer à la partie inférieure du sceau.... Ma main tremblait. J'étais agité par la curiosité, et la crainte de faire une mauvaise action.... La curiosité l'emporta.

J'enlevai le cachet avec une adresse digne de ces gens qu'on emploie à ouvrir des lettres interceptées, qu'on lit, qu'ils referment, qu'on fait parvenir ensuite à leur destination, ou qu'on supprime selon les circonstances.

Celle du duc de Guise est déployée; elle est là, devant moi. Je la parcours d'abord rapidement; je la lis ensuite avec réflexion; j'en pèse tous les mots.

« Mon cher Mellac, vous avez rendu » des services essentiels à la ligue, et je » n'ai pas encore trouvé l'occasion de » vous en récompenser. Je crois que je » ne l'attendrai pas long-temps.

» L'archevêque de Lyon, d'Espignac, » est un misérable, perdu de débauches » de toute espèce. La publicité de son » libertinage, sa gourmandise, nui- » raient essentiellement à nos affaires, » si le peuple pouvait voir autre chose » en lui qu'un prêtre. Il tombe à ge- » noux, pour recevoir la bénédiction » d'un drôle, qui sort du lit de sa sœur » ou de sa belle-sœur, et qui souvent » est gorgé de vin. Ses excès le conduisent » rapidement au tombeau.

» Personne n'est plus digne que vous, » mon cher Mellac, d'occuper le siége » de Lyon. Vous avez toutes les appa- » rences d'une austère piété, le genre

» d'éloquence propre à faire des fanatiques, et si vous aimez le plaisir, vous vous renfermez dans le cercle que vous tracent votre état et les bienséances. Vous pouvez compter sur moi.

» Je vous renvoie un jeune homme que vous avez cru fou, et qui ne l'est que d'amour et de dévotion. C'est un de ces êtres, aveugles et de bonne foi, qui sont propres à souffler, dans les basses classes, les fureurs de la ligue, quand ils sont bien dirigés. Vous savez qu'il n'est pas de levier qu'on doive dédaigner. J'emploierai celui-ci à Paris.

» Il faut d'abord le guérir d'un amour qui lui tourne la tête. Rendez-lui sa Colombe: vous y êtes autorisé par le légat. Dans peu de temps, la Mouche, la Moucherie, la Tour ne verra

» plus qu'une femme fort ordinaire dans » la sienne, et il sera tout à nous.

» Adieu, Mellac, je vous embrasse. »

J'étais furieux, quand André rentra. « Poussanville avait bien raison, m'é- » criai-je! la Religion et le peuple ne » sont que des instrumens pour les » princes. — Tenez-vous à l'écart, et » vous ne serez l'instrument de per- » sonne. — André, si je n'étais idolâtre » de Colombe, je me ferais hermite. — » Nous serions deux, car il faut avoir » quelqu'un qui nous écoute et nous » réponde. — Nous nous retirerions » dans un bois, ou sur la cîme d'une » roche escarpée. — Et nous y passe- » rions le reste de notre vie à dire le » chapelet...— Et à prier mon patron » pour la conversion du genre humain. » —Cependant, Monsieur. nous pour- » rions trouver ce genre de vie là un

» peu uniforme, et l'uniformité fatigue. » Croyez-moi, faisons-nous hermites à » la tour, et que votre Colombe anime » notre hermitage. — Oh, ce que nous » venons de dire ne se réalisera pas. — » Je l'espère, Monsieur.

— Et ce duc de Guise, avec quel » mépris il me traite! — Ses expres- » sions sont offensantes; mais c'est un » très-grand seigneur. — Ne suis-je pas » un homme? — Prouvez-le. — Et » comment! — En suivant le conseil » que vous donna M. de Poussanville, » à la Rochelle : *prends les hommes comme* » *ils sont*.

» — Je prouverai au duc de Guise » que je ne suis pas un levrier aveugle. » Je n'aurai plus rien de commun avec » lui. — Et vous aurez raison. — Un » homme qui ose calomnier mon cœur; » qui présume que, dans quelque temps,

» Colombe ne sera plus pour moi qu'une » femme fort ordinaire ! Quelle indi» gnité ! — Monsieur, plus d'une jolie » femme a promptement cessé de l'être » aux yeux de son mari. — Monsieur » André, ces femmes-là n'étaient pas » des Colombe.

» Pour rompre toute relation avec » le duc de Guise, je vais lui renvoyer » mon brevet de capitaine. — Gardez» vous-en bien. Il ne vous gêne pas dans » votre escarcelle, et vous serez peut» être trop heureux de l'y retrouver plus » tard : qui diable peut lire dans l'ave» nir ? Et puis, si le duc de Guise, pi» qué de votre démarche, expédiait à » M. de Mellac, un courrier qui arri» vât avant vous, et que le prélat fît » continuer votre Colombe à chanter » comme un petit ange, chez les filles

» de Saint-Augustin ; hem ! — Tu me » fais frémir !

» — Commencez par remettre le » sceau du duc de Guise où il était. » — Tu as raison. — Hé bien, que » faites-vous donc? vous allez le noir- » cir au feu de la cuisine? — Tu as rai- » son, toujours raison. — Ma petite » Claire, une tasse, de l'eau-de-vie de- » dans, et un papier allumé. »

Le cachet fut replacé plus promptement, plus facilement qu'il n'avait été enlevé, et nous recommençâmes à faire les gens à projets. André était tout entier à ses bâtimens, et moi à Limoges. Je lui notifiai que nous partirions le lendemain matin, et que nous irions à marches forcées. « Monsieur, vous par- » tirez seul. — Pourquoi cela, Mon- » sieur ? — D'après la tournure que » prennent les choses, vous n'aurez pas

» d'extravagances à faire, et je ne vous » serais bon à rien. — Et ta conversa- » tion, toujours si attachante, et quel- » quefois si instructive? — Ma conver- » sation ne vaut pas quatre ou cinq » mille livres, qu'on vous volera, si je » m'absente, et que je vous conserverai » pendant que vous ferez l'amour. »

Je me décidai à partir seul, avec ma voiture et mes deux mules. Ce moyen n'était pas très-expéditif; mais je voulais que Colombe voyageât commodément. Je m'endormis, en prononçant son nom; André en calculant ce que valaient les pierres, le fer et le plomb. qu'on avait déjà extraits de la vieille tour.

CHAPITRE V.

Second voyage à Limoges.

Je montai dans ma voiture, à la pointe du jour. J'avais de l'or, pour les frais de la route, et pour habiller Colombe en femme de condition; mon épée et deux pistolets pour ma défense, et l'image de la bien-aimée pour charmer la longueur du voyage.

Je m'arrêtai à Étampes, pour voir encore ma mère. Elle ne m'attendait pas, et je lui procurai une nouvelle jouissance. J'avais les plus grandes obligations à M. Vernier, et je savais ce qui se tramait contre lui.

Je lui rendis une visite, et je lui répétai exactement ce que j'avais entendu dire au duc de Guise. « Je n'ai » aucun moyen de résistance, me dit-il, » et le chancelier ne voudra pas dé- » sobliger les princes Lorrains, en sou- » tenant le procureur du roi d'un petit » bailliage. Je serai sacrifié.

» Je serai remplacé par quelque fa- » natique qui appuiera la persécution » que les Franciscains renouvellent » contre votre mère. Vous avez voulu » me rendre un bon office ; je vous mar- » querai ma reconnaissance en faisant » transférer la sœur Madeleine dans le » couvent des filles du Sacré-Cœur de » Paris. Cet acte d'autorité accélérera

» ma chute. Mais puisqu'elle est inévi- » table, il importe peu qu'elle arrive » plutôt ou plus tard. »

Nous nous quittâmes, comme devaient le faire des hommes qui s'estiment et qui s'aiment. Je me félicitai de n'avoir pas perdu un mot de ce qu'avait dit le duc, et je me promis bien de ne jamais laisser échapper l'occasion de voir et d'écouter.

Je suivais la route qui m'avait conduit de Saint-Junien à Paris. Je retrouvai, dans chaque ville, le cabaretier qui m'avait reçu; j'étais partout libre comme chez moi, et je m'arrêtais peu aux privations que m'imposait la nécessité.

Pendant que je marchais, je répétais quelques-uns des cantiques de Colombe : je les savais tous par cœur. Je cherchais à prendre son ton, à imiter les inflexions de sa voix, et je croyais l'entendre chanter. Je pensais avec transport, au moment de notre réunion, et j'étais heureux.

Un autre jour, je m'occupais d'exercices de piété. Je composais, pour mon patron, des oraisons jaculatoires; je lui demandais la conservation de Colombe, et l'extermination des huguenots. Je formais des vœux ardens pour que les princes et le haut clergé revinssent aux véritables sentimens de piété, qu'ils jouaient avec impudeur, et qui devaient animer tous les Français.

Les journées ne se succédaient pas au gré de mon impatience. Cependant j'avançais vers cette ville, qui renfermait l'objet du plus tendre amour. J'entrai à Argenton. Le surlendemain je devais être à Limoges.

En longeant les rues d'Argenton, je remarquai un grand nombre de ligueurs armés, disséminés dans les différens quartiers de la ville. Que faisaient-ils là? Argenton n'est pas une place forte; ils ne devaient donc qu'y passer. Où allaient-ils, lorsque rien ne paraissait encore devoir troubler la paix, dans ces cantons?

Je mis ma voiture et mes mules dans le cabaret où j'avais logé, en allant de Saint-Junien à Étampes, et je parcourus la ville. Les ligueurs étaient dans l'abondance; ainsi ils n'étaient redoutables pour personne. Le soldat qui vit bien est toujours gai, et il est facile de faire jaser des gens de bonne humeur.

Ils étaient trois mille. Ils venaient du camp qu'avait occupé le maréchal de Biron, près de Poitiers, et ils ne savaient où on les conduisait. Je continuai ma promenade, et je vis, sur une espèce de place, un officier supérieur qui paraissait donner des ordres. C'était bien le moment d'écouter, et je m'approchai.

Me trompé-je?... est-ce bien lui?... mais non.... hé, oui, oui.... par mon patron, c'est lui-même. Je m'élançai, et je tombai dans les bras de Poussanville.

On juge aisément du plaisir que nous eûmes à nous revoir. Notre reconnaissance fut digne du pinceau de Jodelle; mais son génie était enfermé dans la tombe. Poussanville me conduisit à son logement. On sait que jamais il ne manquait de rien: nous soupâmes tête-à-tête, et nous soupâmes bien. Nous nous racontâmes ce qui nous était arrivé, depuis notre séparation, en sablant d'excellent vin vieux de la Loire.

Quand j'eus terminé mon récit, il me félicita sur l'état actuel de ma fortune; mais il ajouta que je ne serais jamais un personnage marquant, parce que l'ambition n'est qu'une passion d'accès, quand elle est surbordonnée à l'amour. Il chercha à me prouver, par des exemples, qu'elle doit être dominante, exclusive, et que l'amour doit être simplement le délassement des grands travaux, qui conduisent à la célébrité. Je consentis, très-volontiers, à n'être que l'amant de Colombe, et le sort des héros qu'il me cita, me parut fort au-dessous du mien.

Il me raconta ensuite comment de Poitiers, il était venu à Argenton. Il recevait souvent des ordres du duc de Guise, qui tous tendaient à bien connaître les forces de la ligue, dans les provinces de l'Ouest, et à en rendre un compte exact à ses émissaires. Il lui était expressément enjoint de sonder partout la disposition des esprits, relativement à Henri III, et de s'efforcer de le faire haïr, autant qu'il était méprisé. Ainsi Poussanville semblait tourner sur lui-même, et marcher au hasard. Il avait cependant un but déterminé.

La plupart des émissaires du duc étaient des hommes obscurs, de qui Poussanville ne pouvait rien apprendre sur la véritable position des affaires. Il était cependant dans son intérêt personnel d'en être instruit. Le capitaine Saint-Paul, un des officiers favoris du duc, fit un voyage à Bellac, pour ses affaires particulières, et il lui fut expressément recommandé de voir Poussanville en passant.

Saint-Paul était assez borné; mais il était vain, très-vain, presqu'autant que son maître. Il suffit à mon ami, pour le faire parler, de paraître douter qu'il fût, en effet, dans les bonnes grâces de M. de Guise. Saint-Paul, piqué, prouva la réalité de sa faveur, en racontant ce qu'il savait. et peut-être ce qu'il ne savait pas.

La Belgique et la Hollande étaient insurgées contre le roi d'Espagne. La noblesse belge se donna au duc d'Anjou, frère du roi, et le duc de Guise consentit à ce qu'il se rendît à Bruxelles à la tête de douze mille protestans : c'était affaiblir le parti calviniste en France. Il avait subjugué son souverain, au point de le contraindre à exiger, des huguenots, la restitution des places fortes qu'il leur avait abandonnées par le traité de Bergerac : c'était leur déclarer indirectement la guerre. Mais la paix ne convenait ni à Grégoire XIII, ni à Philippe II, ni surtout au duc de Guise. Poussés tous trois par des intérêts différens, ils sentaient également que leurs projets ne pouvaient réussir qu'à l'aide de troubles, sans cesse renaissans.

La reine Louise de Vaudemont priait beaucoup, et ne se mêlait de rien; le roi dansait, ou se donnait la discipline; Catherine de Médicis connaissait seule la véritable situation des affaires, et voyait la couronne chanceler sur la tête de son fils.

Elle fit dire au roi de Navarre qu'il se gardât bien de rendre ses places de garantie, et que son parti n'avait de salut à attendre que de la force des armes.

Pendant que je causais avec Poussanville, un courrier lui apporta l'ordre de se rendre, à marches forcées, à Cahors, et de s'enfermer dans cette place, avec ses troupes. Le brave Vérins y commandait; mais il manquait de forces.

L'actif et intrépide Poussanville me donna une dernière leçon, sur la manière dont je devais me conduire avec ceux dont la piété n'était qu'extérieure, et notamment avec l'évêque de Limoges. Ses observations étaient dictées par l'égoïsme, règle unique de sa conduite; mais je sentis qu'il fallait reconquérir Colombe, et je lui promis sincèrement de suivre ses conseils. Il m'embrassa, m'offrit son lit, et il sortit pour faire ses dispositions de départ.

Il était quatre heures du matin, quand il rentra. Il se jeta tout habillé, à côté de moi, dormit une heure, et alla faire battre la générale. Je me levai; je fis mettre mes mules à ma voiture, et nous sortîmes en même temps d'Argenton, lui pour acquérir de la gloire, moi pour voler où m'appelait l'amour.

Je traversai Saint-Junien, et je ne trouvai pas à propos de m'y arrêter. J'étais entré à pied à Limoges, il y avait quelque temps, et j'en étais sorti en charrette. Je voulus y reparaître dans un équipage convenable. Une voiture aux armes du maréchal de Biron, deux mules et un cheval en avant. formant la flèche, placée sur une arbalète! quel effet j'allais produire sur les habitans de Limoges! la vanité imposa, pour un moment, silence à l'amour. Bientôt je chantai un des cantiques de ma précieuse Colombe, et je m'identifiai avec elle.

J'entrai à Limoges en chantant. et quelques personnes s'arrêtèrent. « Bon, » disait l'un, c'est ce fou qui voulait » nous enlever la sœur Sainte-Colombe.

» Il se sera échappé de Montmorillon,
» disait un autre. — Il aura trouvé cet
» équipage sur quelque chemin, ajou-
» tait un troisième ; il sera sauté dedans,
» et le voilà. »

Ces propos me blessaient vivement, et ils augmentaient à chaque instant le nombre des spectateurs. Ils me barraient le chemin. Dans un mouvement de colère, je fouettai mes bêtes de trait à grands coups, au risque d'écraser ceux qui étaient devant elles. On se rangea précipitamment, et j'arrivai au galop à la grille du palais épiscopal. Je sautai dans la cour, et dans moins d'une minute elle fut pleine de monde. Je me fis faire place l'épée d'une main, et de l'autre, je tenais en l'air le paquet du duc de Guise. Chacun se hâta de se coller contre les murs.

J'appelai le portier, et plus je criais,

plus il s'enfonçait dans sa loge. Il est fou, il est fou, criait-on de toutes parts. M. de Mellac parut à une croisée, et demanda la cause de ce tumulte. Il me reconnut, et ordonna qu'on se saisît de ma personne. Mon épée écarta les plus audacieux. Je montrai au révérendissime le paquet que je tenais à la main[1], et je lui dis que je lui étais envoyé par le duc de Guise. Il sourit de pitié, et leva les épaules. Il allait refermer sa croisée.

« Prenez garde, Monseigneur, à ce » que vous allez faire. Ce paquet est de » la plus haute importance. M. Péri» card l'a écrit en ma présence, dans » le cabinet du duc de Guise. » Il est fou, il est fou, cria-t-on encore, dans tous les recoins de la cour. Une escouade d'archers y entra, et je respirai : j'étais certain que ceux-là ne me craindraient pas, et que par conséquent ils m'écouteraient. Je remis l'épée dans le fourreau, et je m'avançai vers le chef de la troupe. Je m'expliquai avec lui, et il fit aussitôt porter mes dépêches à monseigneur.

« Vous ne voyez donc pas, commandant, qu'il n'y a rien dans ce paquet... » — Que les chansons qu'il nous a fait » entendre en entrant dans la ville. » — Désarmez-le, Monsieur le commandant. » Je fis un saut en arrière, et je portai la main sur la garde de mon épée. « Point de vioenlce, dis-je, et je » ne m'en permettrai aucune. Monsieur » l'officier, ordonnez qu'on garde mon » équipage, jusqu'à ce que je puisse le » mettre en sûreté. — En sûreté ! c'est » lui qu'on y mettra. — Il est fou, il » est fou. — Désarmez-le donc, Monsieur le commandant. — Mes amis,

» il sera toujours temps d'employer la » force. Attendons ce que monseigneur » décidera. »

Ces clameurs m'avaient monté la tête. « Apprenez, canaille que vous » êtes, qu'on ne désarme pas un capi- » taine d'infanterie, seigneur du châ- » teau de la Tour. — Il est fou, il est » fou. »

Deux clercs descendirent l'escalier qui conduisait à l'appartement de monseigneur. Ils s'approchèrent de moi avec des marques de déférence, qui frappèrent les spectateurs d'étonnement. L'un d'eux s'adressa aux Limousins rassemblés. « *Omnis homo mendax,* » leur dit-il, ce qui signifie que tout » homme est menteur, et vous avez » menti en proclamant fou ce saint » jeune homme; mais vous avez menti » involontairement, et *errare humanum*

» *est*, ce qui veut dire qu'il est de l'es-
» sence de l'homme de se tromper. Ce
» pieux catholique a couru les rues de
» Limoges à plusieurs reprises ; mais
» les pères du désert ne couraient-ils
» pas, çà et là, en chantant des hymnes,
» et en se roulant sur les ronces?

» Ah, c'est un père du désert, dit
» un savant de la troupe! Nous ne sa-
» vions pas cela. Retirons-nous. » Et tous les Limousins défilèrent devant moi, en baisant le bas de mon manteau, et en répétant: *omnis homo mendax; errare humanum est.*

Je fus conduit, en cérémonie. au cabinet du révérendissime. Il me reçut dans son fauteuil à oreillettes, et il me fit signe de prendre un pliant.

« Vous voulez donc absolument vous
» marier, mon cher frère? — Je l'étais,
» Monseigneur. — Ne parlons plus de

» cela. Le mariage n'est pas un état » pur; mais on peut le sanctifier par » de bonnes œuvres. Saint Paul l'a prouvé, et il vous laisse un grand exemple » à suivre. Le suivrez-vous? — Oui, » Monseigneur. — Voilà qui est bien, » mon enfant.

» Le souverain pontife m'ordonne, » par l'organe de son légat, de relever » sœur Colombe de ses vœux, et monseigneur le duc de Guise me prie de » vous unir à elle. Consentez-vous à » la prendre pour épouse? — Mais, » Monseigneur, elle l'est déjà. — Ne » parlons plus de cela, vous dis-je. Le » mariage contracté à Benon ne l'a pas » été selon les canons de l'Église. Il » faut le renouveler ici. — Oh, de » toute mon âme, Monseigneur. »

Je suis catholique zélé, ardent même; mais l'hypocrisie m'a toujours révolté, et mon sang bouillait dans mes veines. Je me contins cependant.

« Parlons à présent d'autre chose.
» — Ne parlons que de cela, Monsei-
» gneur. — Je vois bien qu'il faut ter-
» miner cette affaire-ci, pour vous
» rendre capable de quelque atten-
» tion.

» Je vais faire sonner à volée toutes
» les cloches de la ville. Les bedeaux la
» parcourront, en annonçant aux fi-
» dèles la grande cérémonie, qui aura
» lieu ce soir au couvent des filles de
» Saint-Augustin. Vous vous y rendrez.
» — Je n'y manquerai pas, Monsei-
» gneur. — Demain, dimanche, je ferai
» publier un ban, je donnerai dispense
» des deux autres, et lundi Colombe et
» vous serez unis en légitimes nœuds.
» — Lundi !.... mais c'est bien tard,
» Monseigneur ! — N'oubliez pas,

» jeune homme, que la sensualité est » indigne du mariage, et que l'objet de » ce sacrement est seulement de don- » ner des âmes à Dieu. »

Et le duc de Guise lui écrivait : Si vous aimez le plaisir, vous vous renfermez dans le cercle que vous tracent votre état, et les bienséances. Quel empire il fallait que j'eusse acquis sur moi, pour ne pas éclater ! Colombe ne m'était pas encore rendue.

M. de Mellac me congédia, en me donnant rendez-vous, pour quatre heures du soir, aux filles de Saint-Augustin, et en me répétant qu'il allait donner ses ordres.

J'avais mon or dans mon escarcelle; mais cela ne suffisait pas. Je voulais savoir ce qu'était devenu mon équipage. Le chercher, c'était m'occuper de Colombe.

Je parcourus les principales rues de Limoges. Le bas peuple se rangeait devant moi; répétait : c'est un père du désert, et me saluait avec respect.

J'appris enfin qu'un cabaretier avait retiré ma voiture et mon attelage. J'y courus, et je vis qu'ils étaient aussi bien que je pouvais le désirer. Je voulus convenir de prix avec Ambroise. Il me répondit que l'équipage d'un père du désert porterait bonheur à sa maison, et que décidément il ne recevrait rien.

Bientôt le son des cloches me fit connaître que l'évêque commençait à exécuter ses promesses; mais il n'était encore que deux heures, et je bouillais d'impatience.

Il me sembla qu'attendre dans l'église du couvent, c'était, en quelque sorte, abréger le temps. Tout devait m'y parler de Colombe, jusqu'au rideau qui défendait, aux regards profanes, de pénétrer à travers la grande grille, qui leur dérobait les vierges du Seigneur. C'est là qu'elle est, me disais-je; c'est de là qu'elle paraîtra bientôt à mes yeux, avides de la revoir. J'étais seul dans l'église, et je la parcourais dans tous les sens.

Mon attention se fixa sur un tableau qui représentait sainte Cécile, et qui d'abord me parut assez mauvais. Bientôt je crus reconnaître dans les traits de la sainte ceux de ma Colombe, et l'ouvrage me parut médiocre. Je continuai à l'examiner... Oh, c'est elle... c'est bien elle, pensai-je, je ne peux plus m'y méprendre. Voilà ce jeu de physionomie enchanteur, auquel je ne conçois pas que personne puisse résister; voilà ses doigts effilés, qui s'étendent voluptueusement sur ce psaltérion. Dans la moyenne région de l'air paraissent des anges, qui vont placer une couronne sur sa tête. Oh, cette couronne est de myrte; ces anges sont des amours. Ce tableau est digne de Léonard de Vinci!

Je tombai à genoux, et je suppliai mon patron de me pardonner les idées mondaines auxquelles je venais de m'abandonner dans une église. J'étais devant le portrait de sainte Cécile, et je la priais, plus vivement encore, d'intercéder pour moi. Est-ce bien elle que j'invoquais?

Le bruit des cloches se fit entendre de nouveau, et l'église s'emplit à l'instant. Le bedeau me conduisit près de la grille, et m'indiqua un prie-dieu, couvert en damas cramoisi, qu'il avait placé pour moi. Je m'agenouillai une seconde fois.

L'orgue annonça que l'auguste cérémonie allait commencer. Le cœur me battait avec une extrême violence. Il était partagé entre l'amour divin et celui que m'inspirait Colombe. Je m'efforçai de les concilier : cela était difficile. Je me recueillis cependant, et, pour un moment, j'appartins tout entier à mon patron.

Le grand rideau se tira enfin. Oh, toutes mes idées pieuses s'évanouirent. Je cherchai, je trouvai Colombe, et je tombai dans un ravissement, qui tenait de l'extase.

Elle était placée entre deux religieuses, et la supérieure était debout derrière elle. Elle avait les mains étendues sur la tête de celle qui allait lui échapper ; elle la bénissait. Toutes quatre étaient tournées vers l'intérieur de l'église. Colombe m'aperçut, et me sourit.

Oh, quel sourire ! Son effet est impossible à peindre. Vous seul le concevez, vous qui, après des obstacles, qui paraissaient insurmontables, avez été unis à l'objet de l'amour le plus tendre, ou qui en avez été séparés, après huit jours d'une félicité, qui ne faisait que naître.

L'évêque parut, dans ses habits pontificaux, et entouré de son clergé. Il déclara, à haute voix, que la pleine puissance de notre saint père le pape remettait Colombe dans le monde, et qu'elle y était appelée pour la plus grande sanctification de son âme.

Un grand-vicaire lut la bulle du légat, et tous les assistans répondirent amen.

M. l'évêque nous adressa ensuite un discours, plein d'onction, sur les devoirs du mariage. Il peignit le ciel ou l'enfer ouvert pour les époux qui les pratiquent ou s'en écartent.

Je me rappelai le passage de la lettre du duc de Guise... Oh, pensai-je, combien la Religion est étrangère aux faiblesses de ses ministres! Colombe n'en peut faire la distinction : elle est plus heureuse que moi. Imitons sa ferveur. et revenons à la foi implicite.

Les deux religieuses la dépouillèrent, en cérémonie, des signes qui constataient son sacrifice, et sa captivité volontaire. Ses longs cheveux blonds tombèrent, par boucles, sur des épaules d'albâtre; la rougeur du plaisir. et peut-être de la pudeur couvrirent ses joues du plus vif incarnat.

On la revêtit de la robe qu'elle portait, quand elle se présenta aux filles de Saint-Augustin. C'était la seule qu'elle eût, en fuyant Madame la maréchale. Cette robe était dans un triste état, et Colombe n'en était que plus belle : elle devait tout à la nature et à la jeunesse. La laideur seule a cherché à détourner d'elle une attention défavorable, en la fixant sur des habits somptueux.

Cependant je voulais que l'épouse d'un homme comme moi parût avec un état digne d'elle, et je me promis d'employer à cela la journée du lendemain.

L'évêque ordonna à Colombe de passer du côté de la grille où j'étais, et au directeur du couvent de nous fiancer. Nos mains se touchèrent.... Colombe laissa tomber sa tête charmante sur ma poitrine. J'y sentais un volcan qui me dévorait.... On fut obligé de nous soutenir.

On reconduisit Colombe dans l'intérieur du couvent, et Monseigneur prononça qu'elle n'en sortirait que pour se présenter à l'autel.

Je me retirai, satisfait, heureux, autant qu'on peut l'être, quand on attend.

Ambroise était un gros réjoui, catholique zélé, prêt à tout faire pour la Religion, et faisant tout gaiement. Il convint que Colombe ne pouvait se marier sans avoir une robe belle et neuve. Mais il était six heures du soir, et le lendemain était dimanche. « Diable, diable, disait-il, en se grattant » l'oreille, il n'y a pas une minute à » perdre. »

Nous courons chez une, deux, trois couturières. Elles commencent par me faire observer le peu de temps qu'elles ont à elles; je leur fais voir de l'or. Une d'elles se détache pour aller prendre la mesure de Colombe; la seconde court pour trouver des aides; la troisième nous conduit chez un marchand d'étoffes. Nous levons ce qu'il y a de plus riche et de plus élégant.

Une heure après, six ouvrières étaient établies chez Ambroise. Je fis apporter ce qu'il avait de légumes cuits : c'était samedi. Il les servit dans un coin de la chambre que nous avions érigée en laboratoire. Huit heures sonnèrent : nous n'en avions plus que quatre à nous.

Cependant il fallait souper. Nous perdîmes encore quinze minutes : je les comptais.

J'encourageais, je pressais mes ouvrières. Malgré mes soins, leurs paupières s'appesantirent : c'était l'heure où les honnêtes gens se couchent partout. Il fallait les tenir éveillées, et je leurs fis apporter du vin chaud. Il produisit d'abord l'effet que j'en attendais, et l'ouvrage allait avec une rapidité qui m'enchantait. Bientôt les têtes s'échauffèrent ; elles s'embrouillèrent ensuite, et la robe de Colombe tomba des mains des couturières sur leurs genoux. Je redoutai l'accident ordinaire en pareille circonstance ; j'enlevai la robe, et je la mis en sûreté : il était temps. Ambroise riait ; moi je me désolais.

Les fumées du vin se dissipèrent peu à peu, et à dix heures ces dames reprirent leur aiguille. Mais elles s'en servirent avec une nonchalance, une lenteur désespérante. Minuit sonna. Il est dimanche, s'écria l'une d'elles, et toutes jetèrent leur ouvrage, avec effroi. J'enrageais ; mais je ne pouvais blâmer leur respect pour les lois de l'Église.

« Colombe se mariera donc sans » avoir une robe neuve, dis-je en sou» pirant. Pourquoi cela, me répondit » Ambroise? minuit sonne le dimanche » comme le samedi, et nous les remet» trons à la besogne. Vous ne vous » marierez pas avant dix heures, et en » dix heures, six femmes font bien des » choses. Allons nous coucher, Mon» sieur. » C'est ce que je pouvais faire de mieux.

Ma pauvre tête était surchargée d'idées, souvent contradictoires, et le sommeil fuyait loin de moi. Je m'endormis enfin, et il était grand jour quand je m'éveillai.

Je m'habillai précipitamment. « Où

» allez-vous, Monsieur, me demanda » Ambroise? — Passer la journée dans » l'église des filles de Saint-Augustin. » — Monsieur, les pères du désert » vivaient de racines; mais il man- » geaient. Je ne souffrirai pas que vous » sortiez sans avoir déjeuné. » Il fallut me soumettre : c'est souvent le seul moyen de se débarrasser d'un importun.

Je courus au couvent, et je me mis en prières devant le portrait de sainte Cécile. La messe sonna, deux grandes heures après. et à l'élévation le grand rideau s'ouvrit. Je volai à la grille; mes yeux et ceux de Colombe se rencontrèrent. Nous oubliâmes la sainteté du lieu, et celle des grands mystères qu'on y célébrait. Quand le rideau fut tiré. j'allai demander pardon à sainte Cécile de mes coupables distractions.

Une idée lumineuse, excellente, admirable me frappa. Colombe, me dis-je, ne doit sortir du couvent que pour se présenter à l'autel; c'est fort bien; mais on ne m'empêchera pas de voir ma fiancée et de lui parler.

Je ne savais plus marcher au pas Je courus à la porte d'entrée du couvent, je sonnai, et je demandai Colombe. La tourière me répondit que cela ne se pouvait pas. « Et la raison, » ma sœur? — Tout a été prévu, » Monsieur, et on a pensé que si » vous vous trouviez ensemble au » parloir, on ne pourrait plus vous » en arracher. » Il fallut me soumettre encore.

Je rentrai à l'église. Le bedeau vient me dire qu'il allait la fermer, jusqu'à l'heure des vêpres. Que de formalités, de lenteurs! Il y avait de quoi devenir véritablement fou.

Je retournai chez Ambroise. Ses contes me rendirent un peu de tranquillité. « Savez-vous bien, Monsieur, » me dit-il, que vous avez beaucoup » perdu, auprès de moi, de la réputation de sainteté qu'on vous a faite » par la ville. Ce père du désert n'est » réellement qu'un beau jeune homme, » amoureux jusqu'à la frénésie. — » Ambroise, je confesse mon indignité; » mais je n'ai cherché à tromper personne. »

La curiosité est une passion dans les petites villes. On voulait voir de près ce jeune homme pour qui on déliait les religieuses de leurs vœux, et qui passait pour un saint. Des personnages notables de Limoges vinrent me rendre visite, et je leur parlai de Colombe. Quelques-uns m'engagèrent à dîner, et le nom de Colombe était la seule réponse qu'ils tiraient de moi. Ils me quittèrent, en regardant Ambroise, et en lui souriant d'un air très-significatif.

Ils répandirent, par la ville, que le prétendu saint n'était qu'un homme fort ordinaire; le peuple se souleva contre eux. L'évêque et son clerc avaient parlé, c'était assez pour lui. Les gens raisonnables m'avaient bien jugé, sans doute; mais ils apprirent qu'il faut toujours paraître respecter les préjugés populaires. Nous entendîmes, Ambroise et moi, un grand bruit dans la rue. C'étaient les vitres des incrédules qu'on cassait; c'étaient les archers qui cherchaient à rétablir l'ordre.

Dès que je parus dans la rue, le commandant vint à moi, et me dit que je pouvais seul ramener le calme dans les esprits. Des hommes du peuple me prirent dans leurs bras et me promenèrent comme une relique : j'étais destiné à jouer tous les rôles à Limoges, et j'avoue que je ne fus pas fâché d'y faire briller mon éloquence.

Du haut de l'espèce de pavois, sur lequel on m'avait élevé, je haranguai le peuple, avide de m'entendre, et je lui dis ce que je pensais sincèrement. Je déclarai que je n'étais qu'un misérable pécheur; mais que j'étais plein de religion et de foi, et que j'allais en donner la preuve. J'ajoutai que nos livres saints nous ordonnent d'aimer notre prochain, catholique, bien entendu, et de le plaindre quand il s'égare; que les lois divines et humaines nous défendent de nous faire justice nous-mêmes, et que les excès, quels qu'en soient les motifs, sont toujours répréhensibles. Enfin je louai le zèle que ce bon peuple venait de marquer pour la Religion ; mais je le priai de réserver son courage pour combattre, et exterminer les huguenots.

Des acclamations universelles s'élevèrent. On me rapporta en triomphe à mon cabaret, en criant : Mort aux huguenots, gloire au père du désert !

Étrange peuple, qui voulait, deux mois auparavant, que je fusse fou, et qui voulait aujourd'hui que je fusse un saint ! Il m'avait négligé, depuis que j'étais sorti de l'évêché, et il avait suffi de quelques mots pour ranimer son fol enthousiasme !

Deux cent cinquante d'entre eux coururent à la municipalité, et s'inscrivirent sur les rôles des ligueurs. D'autres mirent en œuvre tous les vitriers de la ville, et firent réparer le dégat qu'ils avaient fait. Quel instrument que le peuple, dans les mains de ceux qui savent s'en servir! Que la cour et les Guise le connaissent bien!

La maison d'Ambroise ne désemplissait pas. Le vin y coulait à flots. Les clameurs, les vociférations se succédaient sans relâche. On aiguisait des épées rouillées, de vieilles pertuisanes sur les tables du cabaret. On jurait, par ces mauvaises armes, de traiter les huguenots comme les Amalécites l'avaient été par les Hébreux.

M. de Mellac m'envoya dire de me rendre au palais épiscopal. Il me félicita sur ce que je venais de faire, sur les succès brillans que j'avais obtenus. Il m'assura que personne ne pouvait résister à la force des argumens religieux que j'avais développés à la multitude, à l'éloquence entraînante avec laquelle je les avais présentés. « Vous » avez, ajouta-t-il, conquis deux cent » cinquante hommes de plus à la vraie » Religion. Le duc de Guise vous a bien » jugé.

» Parlez-moi maintenant des obser- » vations que vous avez faites, des ren- » seignemens que vous avez recueillis » sur la route de Paris à Limoges. » — Monseigneur, les vêpres sonnent » chez les filles de Saint-Augustin, » et je m'éloignai à grands pas. « Oh, quel » homme, disait-il en me regardant al- » ler ! mardi il parlera. »

J'entrai le premier à l'église, et j'en sortis le dernier. Le grand rideau ne s'ouvrit pas. Je m'en consolai aux pieds de sainte Cécile.

Je rentrai chez Ambroise. Les Hé- breux étaient dans un état d'ivresse complet. L'intérieur de la maison offrait un tableau repoussant; mais le cabaretier avait vendu deux bariques de vin.

Je me fis servir à souper dans ma chambre. Je courus ensuite la ville pour rassembler mes couturières. Elles dansaient, clandestinement, dans un faubourg, en l'honneur de sainte Madeleine, qu'on fêtait ce jour-là. Je crus remarquer qu'elles avaient quelque rapports avec la sainte... avant sa conversion.

Elles répondirent à mes instances qu'il n'était que six heures, et qu'elles ne pouvaient commencer à reprendre l'aiguille qu'à minuit. Je répliquai qu'il n'y a pas plus de mal à coudre qu'à danser. Une d'elles, la plus savante, sans doute, me dit que son curé défendait la danse; mais que les commandemens de l'Église n'en parlent pas; qu'au contraire, ils interdisent rigoureusement le travail les dimanches et les fêtes. Je n'avais rien à répliquer à cela.

J'avais encore six mortelles heures à attendre. Que faire pendant ce temps-là? Depuis long-temps ma tête était dans un état de contraction, qui augmentait, à mesure que le moment du bonheur approchait. Elle était pesante, embarrassée; je sentais un certain engourdissement dans tous mes membres. Je ne suis pas de fer, me dis-je, et je me marie demain. Allons nous reposer.

J'allai, en effet, me jeter sur mon lit, et je m'y endormis si profondément qu'Ambroise fut obligé de m'éveiller à minuit. Mes ouvrières avaient été de la plus grande exactitude au rendez-vous; mais elles me parurent harassées, et je prévis encore quelque nouveau contre-temps.

Je chargeai Ambroise de se procurer quelque chose de léger, de la pâtisserie, ou autre chose semblable. J'interdis rigoureusement le vin; mais je permis le miel délayé dans de l'eau.

Elles reprirent leur ouvrage. J'avais dormi six heures; j'étais frais et dispos. Je ne les perdais pas de vue un moment; je les encourageais, par des promesses, et des paroles de bienveillance. La nature fut plus forte que la cupidité. Je ne cessais d'aller de l'une à l'autre. J'éveillais celles qui sommeillaient, je jurai, par mon patron, que Colombe aurait une robe neuve pour se marier; il était six heures, et il me paraissait difficile que celle-ci fût prête pour dix.

Je trépignais, en pensant à la foule qui se presserait à notre mariage, et combien il serait humiliant, pour Colombe, et pour moi, qu'elle parût à l'autel dans un équipage digne tout au plus d'une servante. Je jurai même; mais j'en demandai aussitôt pardon à saint Antoine.

« Monsieur, me dit celle qui m'avait » porté la parole au bal, vous n'avez » qu'un moyen de nous éveiller com» plètement. — Eh, quel est-il? Par» lez, parlez. — Permettez-nous de » danser une ronde. — Comment une » ronde! y pensez-vous? N'avez-vous » pas perdu assez de temps? — Monsieur, » reprit la plus jeune, toute espèce de » plaisir produit la lassitude, et il n'y » a qu'un moyen de la dissiper : c'est, » comme disent les bonnes gens, de » reprendre du poil de la bête. — Dan» sez donc votre ronde, et dépêchez-

» vous. » Je leur en aurais joué une, si j'avais eu là mon serpent.

Elles s'éveillèrent en effet, et si complètement que l'ouvrage marcha pendant une heure avec une rapidité surprenante. Elles se jetèrent, aussi vivement, sur les rafraîchissemens, que je leur avais fait servir. « Allons, me dis-» je, encore une demi-heure de per-» due! »

Bientôt une contestation s'engagea entre elles, et détruisit toutes mes espérances. L'une dit à celle qui avait coupé la robe, qu'elle s'était trompée, et qu'il manquait une pointe, je ne sais où. Celle-ci répondit que la pointe y était. « Elle n'y est pas. — Elle y est. — Je » vais vous faire voir que non. — Vous » ne toucherez pas à cela. » Elles tenaient la robe, chacune de leur côté ; elles tiraient avec force; il en resta moitié dans les mains de Perette, et moitié dans celles de Margot.

Je ne me possédai plus. Je pris la cruche à l'eau miellée, et je la leur vidai sur la tête; un balai se trouva sous ma main, et je les jetai dans l'escalier, les unes sur les autres.

« Que diable avez-vous fait là, me » dit Ambroise? Le mal pouvait se ré» parer.... — Se réparer, et il est huit » heures! — Vous l'avez rendu irrépa» rable. En effet, la malheureuse robe » était tachée, et poissée partout.

» Que faire à présent, que vais-je de» venir? — C'est ce qu'il fallait vous de» mander, avant que de mettre la main » sur cette diable de cruche. — Co» lombe se mariera sans robe; mais » elle se mariera, dussé-je l'épouser en » chemise. — En chemise, en chemise! » Les jeunes gens sont bien extraordi-

» naires! Ils désespèrent sans raison, » et..... — Comment sans raison! et » quel remède trouvez-vous à cela? — » Moi, Monsieur, je n'en vois point; » mais ce n'est pas à moi à en trouver » un: ce n'est pas moi qui me marie... » Ah, ah, quel trait de lumière! Ah, » Monsieur, Monsieur! — Parlez donc, » au nom de Dieu.

» — Je connais une jeune fille, char- » gée de décorer l'image de la Vierge.... » Hé bien? — Hé bien, vous ne saisis- » sez pas mon idée! Nous prenons chez » les marchands de soieries une pièce » d'étoffe; chez la mercière un millier » d'épingles; chez la galantière des fleurs » pour garnir le chignon.... y êtes-vous » à présent? — Ambroise, vous devez » voir que je ne suis pas disposé à plai- » santer. — Marion drape madame » Colombe à la turque.... — M'y voilà,

» m'y voilà, à la grecque, à la romaine. » Le costume sera noble, imposant et » nouveau. Courons, mon cher Am- » broise, courons. »

A neuf heures Marion était dans le couvent, avec tout ce qu'il lui fallait pour parer l'idole du jour. C'était un peu tard; mais on attache bien des épingles en une heure.

Ah, mon Dieu, j'ai oublié une chose de grande importance. Le contrat de mariage n'est pas fait : on ne saurait penser à tout. « Ambroise, allez me » chercher un notaire; il écrira pen- » dant que je m'habillerai. »

Le contrat ne se composa que d'une seule clause : tout à Colombe après moi; tout à moi après Colombe. Ambroise me servait de valet de chambre; le notaire et lui finirent en même temps.

Toutes les cloches sonnèrent à volée. L'heure fortunée était venue. Je pris le notaire sous le bras, et je le fis trotter, peut-être pour la première fois de sa vie. Il fallait que le contrat fût signé avant la célébration du mariage. On nous fit entrer dans la sacristie. Colombe y était déjà, belle comme Aspasie, et modeste comme l'innocence. Nous signâmes.

On vint nous avertir que monseigneur allait se rendre à l'autel. J'y présentai ma Colombe. Dès que nous parûmes, un murmure général d'approbation se fit entendre, et en effet, on ne voyait pas souvent un couple aussi remarquable. Les femmes examinaient le costume de Colombe, et le trouvaient aussi élégant qu'extraordinaire. Au reste, disaient-elles, tout devait être nouveau à un mariage comme celui-ci.

Monseigneur commença par nous adresser une exhortion pathétique, sur la sainteté et les devoirs du mariage. Je reconnus le lendemain qu'il ne pensait pas un mot de ce qu'il disait. Il nous fit jurer une haine irréconciliable aux huguenots : la conservation de ses revenus tenait à leur affaiblissement. Cette haine était sincère dans le cœur de Colombe et le mien ; nous jurâmes avec une véhémence, qui tira des larmes des yeux de l'auditoire. Enfin, monseigneur prononça les paroles sacramentelles.

Nous repassâmes à la sacristie. Le révérendissime nous y suivit. Il embrassa la mariée, ce qui ne me plut pas trop, et il m'invita à dîner pour le lendemain.

Ma prédication de la veille, et le rôle que monseigneur avait joué dans cette affaire, avaient attiré sur nous la considération générale. On nous entoura, on nous déclara qu'on ne souffrirait pas que la charmante mariée logeât au cabaret. Quelle transition, nous disait-on; pour une très-jeune femme, que de passer d'une maison sainte dans un réceptacle d'ivrognes!

Je sentais la justesse de cette observation. Je sentais aussi que je ne pourrais causer librement avec Colombe que le soir... Toujours des difficultés, des obstacles : l'homme est-il né pour être soumis aux circonstances? Ne lui est il pas permis de vivre pour lui? Il me fut impossible de résister à des instances, qui se répétaient sans relâche. Un marguillier de la cathédrale demanda la préférence, en raison de ses rapports directs avec le prélat qui nous avait mariés. Je la lui accordai, parce qu'il était garçon, qu'il avait soixante ans, et que vraisemblablement, il ne serait pas importun. On nous conduisit en triomphe jusqu'à sa porte.

CHAPITRE VI.

Un évêque ligueur démasqué.

M. Dupont fesait très-bien les honneurs de chez lui. Il nous mena d'abord à un logement écarté : je trouvai celà très-bien. Il nous invita ensuite à venir partager son dîner : il me semblait que cela ne pressait point. Il fallut encore nous soumettre.

Quel dîner ! Le ciel prodigue ses biens à ceux qui se donnent à lui, même indirectement. J'étais placé, comme de raison, à côté de Colombe, et la nappe était longue... Avec quelle tendresse, quel feu nous nous regardions! Je n'y pus tenir plus long-temps. Je l'embrassai... comme on embrasse une femme que l'on adore, qu'on a perdue, et qu'on vient de retrouver. J'en demandai ensuite la permission à monsieur le marguillier.

Je regardais Colombe, et ses draperies. J'étais effrayé du nombre des épingles qui les attachaient. Oh, pensais-je, il y en aura pour une heure... Nous dînions à travers tout cela. La satisfaction du cœur donne de l'appétit. A la fin du repas, je déclarai à M. Dupont que je ne m'étais pas couché la nuit précédente; Colombe ajouta qu'elle n'avait pas dormi, et nous lui demandâmes la permission de nous aller reposer. Il sourit; c'était répondre. Nous nous levâmes.

La tourière des Augustines entra. Elle apportait le paquet de Colombe; il était bien léger; mais ce qu'il contenait était d'une nécessité indispensable. Je le pris sous mon bras.

Mes couturières parurent ensuite. Elles venaient demander leur argent. Elles ne l'avaient pas gagné. Je les payai, pour m'en débarrasser, et je présentai la main à Colombe.

Tout à coup les deux battans des portes s'ouvrirent avec fracas. Les nobles de la ville, et leurs femmes venaient nous féliciter. Au diable les félicitations et les féliciteurs, grommelai-je entre mes dents. « Mon cher Antoine, » me dit tout bas Colombe, il faut être » poli. » Cette voix allait toujours à mon cœur. Je restai.

Après les premiers complimens, les dames s'approchèrent de Colombe, et son costume devint l'objet de la plus stricte attention. Elles en louaient la légèreté et la grâce; elles finirent par demander le nom de l'ouvrière qui drappait avec cette perfection. Je nommai Marion, d'un ton brusque, que je m'efforçais en vain d'adoucir.

« Mesdames, dit la baronne de Po-
» lainville, nous recevons les modes de
» Paris, quand elles y sont à peu près
» usées. Ayons la noble ambition de
» donner le ton à la capitale. Habillons-
» nous toutes à la Colombe. A la Co-
» lombe, à la Colombe, s'écrièrent-
» elles, toutes à la fois. » Elles sortirent aussi précipitamment qu'elles étaient entrées. Il ne me fut pas difficile de pénétrer le but essentiel de leur visite. Cependant je ne pus m'empêcher de

leur savoir bon gré de prendre Colombe pour modèle.

Les maris étaient restés. Que veulent-ils encore? Je ne vois pas ce qu'il leur reste à dire.

L'un d'eux s'avança d'un air doucereux, en faisant trois ou quatre révérences. « Je ne crois pas, dit-il à Co-
» lombe, que M. de la Tour fasse un
» long séjour dans cette ville. N'au-
» rons-nous pas, Madame, l'extrême sa-
» tisfaction d'entendre, pour la dernière
» fois, cette voix angélique, qui nous a
» fait, si souvent, tressaillir de volupté?
» — Hé, Messieurs, vous avez assez en-
» tendu Colombe au chœur, et il ne
» s'agit plus de chansons. » Elle me tira à part. « On nous comble d'amitiés,
» me dit-elle, et un peu de complaisance
» coûte si peu! » Elle n'attendit pas ma réponse, et elle commença à chanter.

Elle chanta, elle enchanta. C'étaient un ravissement, des cris, des applaudissemens, qu'on n'avait pu se permettre dans l'église, et qui éclataient avec une telle force, que cent personnes se rassemblèrent devant les croisées. J'enrageais, oh, j'enrageais! Vingt fois je fus tenté de prendre ma Colombe par la main, et de souhaiter le bon soir à la compagnie. Je n'étais pas à la fin de mes tourmens.

Une table de cinquante couverts fut dressée. Monsieur Dupont nous avait permis de nous aller reposer après le dîner; mais il n'entendait pas perdre les apprêts d'un magnifique souper. Colombe lisait dans mes yeux. « Mon » bon ami, me dit-elle à l'oreille, veux-» tu que je marque un empressement, » qui donnerait de moi la plus mau-» vaise opinion? Possède-toi, mon cher

» Antoine. Si nous n'avions pu nous » marier que demain... — Oh, je ne » sais rien supposer. — Je t'en prie, je » t'en conjure. » Je m'efforçai de sourire, et je crois que je fis la grimace.

Les dames rentrèrent, en folâtrant, en sautillant, elles étaient au comble de la joie. Une mode créée à Limoges ! La boutique du marchand de soieries était vide; Marion était devenue un personnage de la plus haute importance. Elle avait rassemblé sous ses ordres, toutes les couturières de la ville. Le surlendemain, les premières draperies à la Colombe devaient paraître dans les rues de Limoges.

« Je vous engage, Mesdames, à re- » commander à Marion de ne donner, » à ses ouvrières, ni vin chaud, ni eau » miellée. » On me demanda, avec empressement, ce que cela signifiait. Je racontai les accidens de la nuit précédente, et je les racontai assez gaiement. On voit que je me résignais. Il le fallait bien : Colombe le voulait ainsi. Un regard, lancé à la dérobée, me témoigna sa satisfaction et son amour.

On rit, on rit beaucoup. Je finis par faire comme les autres : j'ai déjà remarqué que la gaieté se communique. On ne laissa échapper, ni l'occasion de nous adresser quelque chose de flatteur, ni celle de dire un bon mot; on trouve, par fois, en province quelques gens d'esprit.

« Ah, mon Dieu, mon Dieu! neuf » heures sonnent à la cathédrale, dit la » baronne. Ah, Mesdames, quel libertinage! M. Dupont, veuillez faire appeler nos gens. »

Aussitôt vingt cusinières se rangèrent en file dans l'allée de la maison.

Chacune d'elles portait à la main une lanterne, dont jaillissait la lumière à travers un carreau de corne, à demi-grillé. On nous adressa un bonsoir plein d'affection, à travers laquelle perçait un sourire sardonique, et on disparut.

M. Dupont s'occupa à faire ranger sa salle-basse, et nous fûmes seuls enfin. Je saisis un flambeau; nous montâmes l'escalier en quatre sauts, et nous nous enfermâmes à double tour dans notre chambre, bien résolus à n'ouvrir à personne, fût-ce même à mon patron.

Je commençai à détacher cette multitude d'épingles. La précipitation, l'impatience ont leurs inconvéniens : je ne cessais de me piquer les doigts, et j'allais toujours. Colombe m'arrêta. « Mon cher ami, me dit-elle, nous » avons tenu une conduite bien répré-

» hensible. Pendant les huit jours que » nous avons passés ensemble, nous » n'avons pas élevé une seule fois nos » pensées vers le Ciel. C'est à cet oubli » coupable que nous devons les dis» grâces, que nous n'avons cessé d'é» prouver. Depuis que le saint évêque » de Limoges nous a unis, nous nous » sommes exclusivement livrés à l'a» mour, et ton patron t'en punit : tu » as tous les doigts en sang. Tombons à » genoux, mon ami, et louons le Sei» gneur. »

Il ne fallait qu'un mot pour me rappeler à la piété, solide et fervente, que j'avais sucée avec le lait de ma mère.

Nous chantâmes, à haute voix, un *Te Deum*, un *Te Deum* tout entier. *Bravo*, *bravo*, nous cria M. Dupont, par le trou de la serrure, quand nous cessâmes de chanter.

Je reconnus bientôt combien était sage le conseil que m'avait donné Colombe : mon patron m'inspira qu'il est désagréable d'avoir les mains enveloppées de linges une première nuit de mariage, et je déshabillai ma Colombe avec circonspection.

Il m'inspira encore que la chasteté veut qu'on tire un voile épais sur des délices... Je n'en parlerai pas.

Le matin, nous nous trouvâmes assez calmes pour nous raconter ce qui nous était arrivé depuis notre séparation. Je ne répéterai pas ce que j'ai déjà écrit.

Colombe m'apprit qu'elle avait failli mourir de douleur, quand on m'arracha de la grille, à mon premier voyage de Limoges ; qu'elle avait demandé son époux à grands cris ; qu'elle avait protesté contre des vœux qui étaient rompus, puisque je vivais encore; enfin qu'on n'avait pu modérer ses transports, qu'en parlant à sa conscience.

La supérieure lui représenta que son mariage de Benon était nul, et qu'ainsi elle avait pu contracter un engagement indissoluble avec le Ciel; qu'elle avait passé huit jours avec moi dans un état de concubinage, et qu'elle devait expier cet énorme péché, en sanctifiant le reste de sa vie. Toujours digne de son nom, Colombe s'était soumise.

Nous retombâmes dans un nouvel embarras. Nous avions vingt aunes d'une riche étoffe; mais je ne possédais pas les talens de Marion. Il fallait se lever, cependant, pour éviter le scandale et les caquets. Colombe fut trop heureuse de retrouver cette petite robe de voyage, que j'avais jugée indigne d'elle.

Je descendis. M. Dupont voulut m'adresser les quolibets d'usage : j'étais déjà dans la rue, j'entrai partout, et partout je demandai des couturières; elles étaient rassemblées chez la baronne de Polainville. Là, sous les ordres de Marion, elles faisaient des robes à la Colombe, pour les dames les plus distinguées de la ville. On se tire de tout avec de l'imagination et de l'argent. Je retournai chez Ambroise; je fis mettre mes mules à ma voiture, et je les poussai ventre à terre jusqu'à Saint-Junien. J'y fis une levée de couturières, et je les ramenai du même train à Limoges. Je les établis chez Ambroise, pour ne pas abuser de la complaisance de M. Dupont. Les mesures prises, elles me déclarèrent qu'elles n'avaient jamais drapé de statues, et qu'il fallait que madame se contentât d'être habillée comme les femmes de la cour. Nous bornâmes là notre ambition.

Je n'avais rien pris de la journée, et je devais à plusieurs causes un appétit dévorant. M. Dupont s'empressa de le satisfaire. Il était dix heures, et je devais dîner chez monseigneur à midi. Le besoin du moment l'emporta sur cette considération. Je passai avec Colombe les momens dont je pouvais disposer, et je me présentai à l'évêché, plus disposé à causer qu'à me mettre à table. Je ne pouvais me dispenser de m'y asseoir, et je satisfis à tout ce qu'exigeaient de moi les bienséances. Je feignis de manger. J'écoutais, et j'observais tout.

Au nombre des convives étaient

M. Dumoutier, receveur des revenus de l'évêché, et sa femme, jeune, brune, vive et agaçante. Monseigneur s'était placé entre elle et moi, et au bout d'un quart-d'heure j'étais au courant.

Certain auteur a écrit : Quand une intrigue commence à se lier, l'amant se trahit par des empressemens indiscrets; la dame, encore maîtresse d'elle-même, affecte une réserve qu'elle croit propre à éloigner le soupçon. Quand elle s'est rendue, la crainte de perdre son amant la porte sans cesse à de petites démarches inconsidérées, qui ne frappent pas ceux qui ne sont pas intéressés à bien voir, mais qui n'échappent jamais à l'observateur. L'amant, qui n'a plus rien à espérer, et à qui la vanité persuade qu'on ne peut lui être infidèle, devient impénétrable à son tour.

D'après cette donnée générale, je jugeai que le révérendissime et madame Dumoutier étaient au mieux. Cependant, je confesse, avec humilité, que je ne dûs pas cette découverte uniquement à ma pénétration. Cette phrase de la lettre du duc de Guise : *si vous aimez le plaisir, etc.*, en fut la cause première.

Quand on quitta la table, monseigneur me fit entrer dans son cabinet. Il m'y répéta les questions qu'il m'avait faites la veille de mon mariage, et auxquelles j'avais répondu en courant aux vêpres, chez les Augustines.

Je lui racontai tout ce que Poussanville m'avait appris, à Argenton, des affaires politiques, et je m'en attribuai tout l'honneur : ce mensonge-là était innocent, et peu d'hommes se fussent autrement conduits, en pareille circonstance. Monseigneur me marqua une vive satisfaction, et il s'écria pour la seconde fois, que le duc de Guise m'avait bien jugé.

Nous en étions là, quand on annonça à monseigneur un courrier qui lui était expédié de Paris. Il envoya prendre ses dépêches, et les lut avec la plus grande attention. « La Tour, » tout ce que vous m'avez dit est de la » plus exacte vérité. En voici les con» séquences :

« Châtillon, fils de Coligny, est » campé dans les Cévennes, d'où au» cune puissance ne peut le chasser; » Lesdiguières et ses huguenots se sont » rendus maîtres des Alpes, depuis » Briançon jusqu'à Grenoble; Condé » a surpris La Fère en Picardie; le roi » de Navarre a enlevé Cahors, après » s'être battu, en désespéré, pendant

» trois jours, dans les rues de cette » ville. Nous y avons perdu nos plus » braves soldats, entr'autres le général » Poussanville..... Que vois-je ? des » larmes ! Apprenez, Monsieur, qu'un » capitaine ne doit pas pleurer un gé» néral mort, et qu'il doit se livrer à la » noble ambition de marcher sur ses » traces.

» Vous voyez que la cause de Dieu » est en danger, » l'hypocrite ! « et que » vos services sont plus nécessaires que » jamais. Voici ce que me mande le duc » de Guise.

« Un nouveau parti se forme ici dans l'ombre et le silence. Il n'est pas dans mes intérêts, puisque ses chefs ne s'adressent pas à moi. Je veux les connaître. Il me faut, pour cela, un homme qui puisse s'introduire dans de bonnes maisons, et qui ne soit pas d'un rang assez élevé pour paraître suspect au peuple, quand il se mêlera avec lui. La Tour tient au genre mixte qui convient à mes vues, et je lui crois de l'adresse. Faites-le partir à l'instant, et qu'il se rende à Paris, à marches forcées. »

« Vous voyez, Monsieur, quelle est » la confiance qu'a en vous le duc de » Guise. Je doute fort que vous puissiez » la justifier; mais vous devez tout » tenter pour y parvenir. — Et pour- » quoi, Monseigneur, ne la justifierai- » je pas? — Je vous crois plus emporté » qu'adroit. — Je suis l'un et l'autre, » selon les circonstances. — Vous avez » de la vanité, jeune homme. — Mon- » seigneur, chacun a la sienne. — Dé- » couvrir des chefs de parti, inté- » ressés à se cacher, puisqu'ils ne se » mettent pas en évidence, est une

» tâche qui me paraît au-dessus de vos
» forces. — J'ai découvert ici, dans
» votre palais, des choses qu'on y croit
» très-secrètes, et il ne m'a fallu, pour
» cela, qu'un mot, un mouvement,
» un regard. — Expliquez-vous, Mon-
» sieur, je vous l'ordonne. — Un pied
» mignon, qui en cherche un autre, et
» qui foule maladroitement la pate
» d'un chien, qui est sous la table; des
» mains qui se rencontrent, à chaque
» instant, en prenant le pain, le cou-
» teau, la fourchette; un verre à demi-
» plein, changé, comme par inadver-
» tance; des regards furtifs, et qui n'en
» ont que plus d'expression..... — En
» voilà assez, en voilà assez. Il sied bien
» à un ver de terre d'épier la con-
» duite des grands. — Le ver de terre
» n'a pas tout dit encore, et ne craint
» personne : on ne lui enlèvera plus

» l'objet de ses vœux les plus chers. —
» Non ; mais on le dénoncera au duc de
» Guise. — Il sait qui il dénoncera à
» M. Dumoutier. »

Un silence de quelques minutes suivit cette explication. Le révérendissime approcha son siége du mien, et me prit la main. « Mon cher ami, vous » partirez dans une heure, n'est-il pas » vrai ? — Je ne partirai que dans trois » jours. — Je vous en prie. — Prière » inutile. — Tout homme est faible, » vous le savez.... — Et une indiscré» tion compromettrait singulièrement » deux êtres, qui couvrent leur faiblesse » du manteau de l'hypocrisie. Je me » tairai. soyez tranquille. » Encore un moment de silence.

« — Au reste, vous ne pourriez donner » aucune preuve de ce que vous avan» ceriez, et vous avez passé pour être

» fou à Limoges. — Et ce papier, qu'on » a cru dans la main de celui à qui il » était destiné, que j'ai vu tomber, et » que j'ai ramassé en me levant de » table? — Vous me faites frémir. Ren- » dez-le-moi. — C'est alors que vous » auriez raison de me croire un mala- » droit. Engagez la dame à ne plus » écrire : elle a tant d'occasions d'expri- » mer, verbalement, ses petits mouve- » mens de jalousie! — Rendez-moi ce » papier, je vous en prie, je vous en » conjure. — Je vous promets, par » saint Antoine, de n'en faire aucun » usage, si vous ne m'y forcez, et je » vous crois trop prudent pour vous » permettre un éclat. Cependant, je » garderai le papier; il me répondra de » vous. »

Qu'un fourbe est bas, quand il est démasqué! Mellac s'épuisa en protestations affectueuses, en promesses, en supplications à l'égard du dangereux billet. Il était presque à mes pieds. Je le quittai; bien vengé du mal qu'il m'avait fait à mon premier voyage à Limoges.

Je ne fus pas plutôt dans la rüe, que je me rappelai ces paroles admirables: Pardonnez-nous nos offenses, comme nous pardonnons à ceux qui nous ont offensés. Pourquoi les réflexions sages et utiles ne se présentent-elles que lorsque nous avons satisfait nos passions?

Pourquoi, me dis-je, ne donne-t-on pas des évêchés à ce curé de Benon, si simple dans ses mœurs et dans sa conduite; à celui de Saurigny, dont le zèle charitable s'étend sur tout ce qui l'entoure? c'est que l'intrigue fait tout, et qu'elle repousse ceux qui n'ont en leur faveur que des vertus obscures.

Ce sont cependant celles que prescrit l'Évangile.

On pense bien que je ne résistai pas long-temps au désir de lire ce terrible billet. Je vis, avec une grande satisfaction, que j'en avais deviné le contenu en masse. Encore un mouvement d'orgueil! oh, l'homme, toujours l'homme!

Madame Dumoutier se plaignait, longuement et amèrement, de trois visites rendues dans le courant de la semaine dernière, à une dame qu'elle ne nommait pas, mais qu'elle désignait de manière à ce que je crusse reconnaître la baronne de Polainville. Elle finissait en disant que les momens où on pouvait se rencontrer étaient rares, et trop précieux, pour les passer en explications. Elle n'avait pas signé; mais j'étais certain qu'elle n'avait pas pris de secrétaire, et quelle arme pour moi, que cette écriture, si des circonstances imprévues me contraignaient à m'en servir !

Je me sentais humilié d'être au service de ces fripons-là, car enfin le duc de Guise ne valait pas mieux que son évêque. Mais je leur devais Colombe, et un bienfait ne peut cesser d'en être un, quel que soit le caractère de ceux à qui on le doit. D'ailleurs, pensais-je, il se forme à Paris une faction dont les chefs ne sont pas du parti des Guise ; ils sont nécessairement de celui du roi. Les découvrir, c'est me conduire en homme reconnaissant à l'égard du duc; les encourager, me joindre à eux, c'est remplir les devoirs d'un sujet fidèle. J'irai à Paris.

Quelle machine inexplicable que l'homme! j'étais royaliste par inclination, et par principes religieux; l'amour m'avait tourné tout entier du côté du duc de Guise. La lecture de la lettre dont il m'avait chargé pour Mellac, m'avait plus qu'indisposé contre lui, et je revenais à mes premiers sentimens pour le roi! Je ne pouvais m'empêcher de me comparer à une girouette, que je voyais tourner, à tout vent, sur le faîte d'une maison qui était devant moi.

J'entrai chez Ambroise. Mes couturières travaillaient avec activité, et elles avaient de l'intelligence : elles variaient les ornemens de chaque robe. Elles n'avaient que ce moyen-là pour qu'on reconnût qu'il en existait plusieurs. Je rentrai tard chez M. Dupont. Colombe et le bonheur m'y attendaient.

Je n'avais rien à faire de toute la journée suivante; je la consacrai à l'amour. Le surlendemain devait faire époque dans les fastes de Limoges. La baronne de Polainville avait arrangé, pour elle, et les dames de sa connaissance, une marche triomphale, par les rues et les promenades de la ville. Les vêtemens à la Colombe allaient éblouir les Limousins stupéfaits.

Il était onze heures, et rien ne paraissait encore. Les amateurs prévenus garnissaient, depuis huit heures du matin, les magnifiques allées de la promenade publique. La patience a ses bornes, et déjà des murmures, très-peu galans, se faisaient entendre.

Hélas, bien des hommes n'ont fait qu'un chef-d'œuvre en leur vie, et le reste de leurs œuvres s'est perdu dans l'obscurité des siècles. Ainsi, Marion avait eu, en drapant Colombe, des inspirations sublimes, qui ne devaient plus se reproduire. Bientôt un bruit se répandit dans la ville, et la suite le confirma. Ces dames avaient trouvé qu'elles ressemblaient à des fagots, et elles n'avaient pu se regarder sans rire. Elles résolurent de garder les arrêts pendant deux jours, pour échapper aux quolibets; la pauvre Marion fut complètement disgrâciée, et alla cacher sa honte, on ne sut où, semblable à ces auteurs tombés, qui, dit-on, se dérobent à tous les regards.

La garde-robe de Colombe était terminée. Rien ne nous retenait plus à Limoges. Je payai mes ouvrières; Ambroise, qui avait cessé de voir en moi un père du désert, reçut sans difficulté la gratification que je lui offris, et que je lui devais à tant de titres. Nous montâmes en voiture, comblés des bontés de M. Dupont, et lui des témoignages de la plus sincère reconnaissance.

Nous n'avions encore parlé que de notre amour, et de ce qui y tenait directement. Que de choses nous avions à nous dire! J'adressai les regrets les plus vifs à la mémoire de Poussanville; Colombe, qui l'avait connu, le pleura avec moi. Il vivrait encore, disions-nous, si l'égoïsme ne l'eût pas détaché de M. de Biron, son bienfaiteur: il n'est pas de faute qui ne porte sa peine. Je pensai ensuite à ce bon et fidèle André, que j'avais oublié depuis trop long-temps. Je le dépeignis à Colombe, sans flatter son portrait, et cependant je fis naître, dans le meilleur des cœurs, le désir de connaître son histoire.

Nous entrions à Saint-Junien, et je m'étais déjà apperçu qu'il est fort désagréable de conduire une voiture, quand on est assis à côté de la plus jolie et de la plus aimée des femmes. Je ne voulus pas abuser de la générosité du bon bourgeois, qui nous avait reçus, André et moi, à mon premier voyage de Limoges. D'ailleurs, je ne comptais pas m'arrêter à Saint-Junien : c'eût été perdre une grande partie de la journée. Je me bornai à prier le brave homme de nous en trouver un, qui voulût nous conduire jusqu'à Arpajon.

Les questions commencèrent, dès qu'il apperçut Colombe dans le fond de la voiture. «Est-ce là cette dame, dont » la perte vous a si vivement affligé? est-» ce celle que vous avez tant cherchée, » pour qui vous avez bravé tant de fa-» tigues, et même de dangers! » Colombe lui répondit en me donnant un baiser d'amour et de reconnaissance. «Oh! Monsieur, qu'elle mérite bien

» tout ce que vous avez fait pour » elle ! »

Un bon paysan monta sur une de nos mules, et nous partîmes. Je racontai à Colombe l'histoire d'André. Elle est longue; de temps en temps. je m'arrêtais, et... « Mon cher Antoine, » la décence est une qualité nécessaire » à une jeune femme; quelle opinion » veux-tu donner de moi à cet homme? » J'allais tirer les rideaux du devant de la voiture.... « Laissez cela, Monsieur, » j'aime le grand air. » Il fallut que je cédasse ; mais je me promis bien de me débarrasser promptement d'un témoin incommode. Je reprendrai les rênes. Un peu plus de peine; mais aussi plus de bonheur.

J'appris à Colombe qu'elle était l'épouse d'un capitaine; qu'elle avait un joli fief auprès d'Arpajon, et qu'ainsi

elle était femme de condition. « Ah !
» me dit-elle, soyons toujours toi An-
» toine, et moi Colombe. »

Le jour baissait ; il fallut arrêter à un mauvais cabaret de village. « Tu seras
» mal, dis-je à Colombe, et j'en suis
» affligé. — Ne serai-je pas partout,
» avec toi, sur un lit de roses ? »

Le lendemain matin je congédiai notre cocher, et je repris les rênes. Combien elle me donna lieu de m'en féliciter !

On jouit de la rosée bienfaisante, qui anime, qui vivifie tout ; on ne se demande pas d'où elle vient. J'avais une femme charmante, et je ne la connaissais pas encore. Tout à l'amour, à ses plaisirs, à ses traverses, je n'avais vu, je n'avais pu voir que Colombe.

Elle avait déclaré au curé de Benon qu'elle était orpheline ; mais qu'avaient été ses parens ? voilà ce que je désirais savoir. et ce que je craignais de lui demander : il est cruel de faire rougir ce qu'on aime. Cependant... « Qu'as-tu, » mon Antoine ? tu me parais rêveur ? » Je ne pouvais mentir à Colombe, et je lui fis part des idées qui m'occupaient. Elle sourit. « Mon histoire n'est » pas longue. Je suis née au bourg de » Biron, sous les murs du château. Ton » père était chirurgien ; le mien était » médecin. Je ne me souviens pas de » l'avoir vu, et je n'avais que trois ans, » quand je perdis ma mère. Je n'avais » rien au monde; madame la maréchale » eut pitié de moi. Elle m'éleva, et je » n'avais jamais eu à me plaindre d'elle, » quand elle nous chassa à la Rochelle. » Tu sais le reste, mon Antoine.

» — N'oublie pas, mon ange, que » tu es madame de la Tour. — Ah !

» laisse-moi continuer à t'appeler An- » toine! c'est sous ce nom-là que j'ai » eu le bonheur de te connaître. »

Elle avait raison : partout nous trouvions un lit de roses. une chaumière et du pain, voilà tout ce qu'il nous fallait.

Nous apprîmes à Vierzon que la guerre se faisait avec activité. Le maréchal de Biron était entré en Guienne, avec une armée que le roi avait levée, on ne savait trop par quels moyens. Il avait arrêté, dans ses succès, l'émissaire du Démon, ce dangereux roi de Navarre. Le maréchal de Matignon venait de reprendre la Fère sur les huguenots, qui avaient défendu cette ville avec une opiniâtreté infernale. Nous priâmes mon patron de faire triompher partout les catholiques.

La guerre pouvait s'allumer sur tous les points de la France, et nous nous félicitâmes d'approcher de Paris. Cette ville n'avait été encore le théâtre d'aucun trouble sérieux. Le duc de Guise, que je n'estimais pas, que je n'aimais pas, y était le maître, et donnerait à Colombe un asile sûr, si les circonstances l'exigeaient : il avait besoin de moi. Cette réflexion me fit abandonner le parti du roi, et je me dévouai, de nouveau, au duc de Guise.

On pense bien que je ne passai pas à Étampes, sans m'occuper de ma mère. Le procureur du roi Vernier n'y était plus. Il m'avait trompé en me disant que ma bonne Madeleine était transférée à Paris. Quel avait pu être son motif? Il était remplacé par un homme, qui ne connaissait que le pape, le clergé et les moines, sentimens très-louables, sans doute, mais qui pouvaient influer cruellement sur le sort de ma mère. J'appris que ce magistrat ne se permettait de rigueurs salutaires que lorsqu'elles étaient indispensables. Il distinguait, il recommandait aux puissances ces prédicateurs zélés, qui soufflaient dans tous les cœurs la haine contre les huguenots. Mais les franciscains m'avaient rendu mon bien; il n'était pas possible de revenir là-dessus. Pourquoi tourmenter celle qui, dans cette affaire, n'avait été qu'un instrument à peu près passif? on lui rendait la vie assez douce, et on me permit de la voir sans aucune difficulté.

Je lui présentai Colombe. Elle frémit, en voyant, avec son fils, une femme de dix-huit ans, jolie comme tous les chérubins ensemble, et dont les yeux exprimaient la plus vive tendresse. Elle sourit, quand elle sut que Colombe était la fille d'un médecin, et que nous étions unis par le nœud le plus légitime et le plus respectable. « Je n'avais » qu'un enfant, nous dit-elle ; mainte- » nant j'en ai deux. J'aimerai ma fille » avec la plus vive tendresse, et celle » que j'ai vouée à mon Antoine n'en » sera pas affaiblie. Le cœur d'une » mère ressemble à une bougie, qui » répand sa lumière sur ce qui l'en- » toure, sans rien perdre de son inten- » sité. »

Elle nous félicita sur l'état actuel de notre fortune. Elle nous conseilla de la sanctifier, en la partageant avec les pauvres. Elle nous fit une exhortation touchante sur les devoirs du mariage, et sur le genre d'éducation qu'il conviendrait de donner à nos enfans. « Qu'elle soit toute catholique, nous » dit-elle ; on est assez savant quand on » combat l'hérésie, et qu'on contribue » à l'extirper. » Cette visite se termina par des caresses aussi tendres, que nous le permit la grille qui nous séparait.

Nous approchions du terme de notre voyage, et Colombe allait jouir de toutes les commodités de la vie. Déjà je distinguais le clocher d'Arpajon, et je piquai mes mules. Claire était sur le seuil de notre porte, et elle poussa un cri de joie, en me reconnaissant. Elle fit à Colombe une révérence, qui n'était pas sans quelque grâce; elle lui présenta une main, probablement un peu dure.... Ma charmante petite femme était déjà dans la maison. Je sautai à terre, et j'admirai de nouveau l'ordre et la propreté qui régnaient partout.

« Te voilà chez toi, mon ange, dis-
» je à Colombe en l'embrassant. Tu ne
» craindras plus les fatigues d'un long

» voyage, et les dangers auxquels on y » est sans cesse exposé.

» Claire, où est mon ami André? » Claire n'était plus là. Je mis la tête à une croisée, et je la vis trottant du côté de la tour. Bientôt, je reconnus André, qui la laissait loin derrière lui. quoique ce ne fût pas l'heure où les ouvriers ont l'habitude de se livrer au repos.

Je revis ce bon André avec un extrême plaisir, et je le pressai longtemps dans mes bras. Il salua Colombe avec des marques de déférence, qu'elle méritait sans doute, et qui nous flattèrent tous deux. Je lus dans ses yeux que mon ami serait le sien.

Pendant que Claire s'occupait des besoins des voyageurs, André me gronda, mais très-sérieusement. D'après son calcul je devais être de retour depuis quatre jours, et, d'heure en heure, ses inquiétudes augmentaient. Claire était en vedette sur la porte, autant que le lui permettaient les soins du ménage, et devait l'aller avertir, quand nous paraîtrions. On a vu avec quel zèle elle avait rempli sa mission.

Colombe prit la parole, et raconta ce qui nous était arrivé, avec cette naïveté, cette candeur inséparables de sa manière d'être et de sentir. Ce genre était nouveau pour André, et il en sentait tout le charme. Claire, assise dans un coin de la salle, ne perdait pas un mot. Je vis plusieurs fois ses mains s'approcher ; elle avait envie d'applaudir. Le respect la retint. « Ah, » mon Dieu, s'écria-t-elle lorsque Colombe eut cessé de parler, mon rôti » brûle, » et elle disparut.

C'était une oie, la quatrième qu'elle

avait mise à la broche, depuis le jour où André nous avait attendus. Mon fermier Thomas avait eu le double plaisir d'en recevoir le prix, et de manger les trois premières, avec sa femme et ses marmots. Celle-ci parut sur la table, accompagnée d'un pâté, dont l'intérieur venait aussi de mon fief, et que séparait une soupe, digne d'être présentée à des connaisseurs.

Thomas avait été conduire notre voiture et nos mules à son écurie. Il entra, avec Catherine. Tous deux avaient pris leurs habits du dimanche; ils avaient chacun un bouquet gros comme un balai, et ils l'offrirent à madame de la Tour, en lui adressant un compliment, auquel elle ne comprit rien, ni eux non plus.

« Mon excellent ami, me dit Co-
» lombe, ce jour est un jour de fête.

» Elle serait incomplète, si ces braves » gens ne la partageaient pas. » J'étais fier, mais toujours empressé de complaire à Colombe. Je pris Catherine et Claire par la main, et je me plaçai entre elles deux.

Dubois, mon maître maçon, survint. Il voulait aussi me féliciter sur le succès de mon voyage. Colombe fit, pour lui et André, ce que je venais de faire pour Catherine et Claire. La joie brillait dans tous les yeux. Oh! pensai-je, qu'il est facile aux grands de se faire aimer! Ils n'ont qu'à le vouloir. Pourquoi ne le veulent-ils pas?

Je n'avais pas encore fait de dîner aussi gai, et je remarquai que nos inférieurs ne cherchent à s'élever que lorsque nous avons la ridicule prétention de vouloir les abaisser. Chacun se tint à sa place, et je n'entendis pas un mot que la plus rigoureuse décence ne pût avouer.

André n'oubliait rien. Claire nous servit l'eau-de-vie brûlée : c'est le dessert des grands seigneurs. La gaîté augmenta, et Dubois nous chanta, sans en être prié, des couplets que depuis vingt ans il faisait entendre à toutes les noces où il était invité. André termina la fête par un épithalame, plein de verve et de goût.

Il voulait m'entretenir de ses travaux, Je le priai de remettre les affaires sérieuses au lendemain.

Qu'on est bien chez soi, indépendant, aimant, aimé ! Quelle fatalité porte les hommes à aller chercher au loin le bonheur qui est là, auprès d'eux? Je n'entrevoyais, dans l'avenir, que des jours heureux ; ils m'appartenaient, et une inquiétude vague me poussait à

Paris, chez le duc de Guise, dont je n'avais pas besoin. Colombe sommeillait encore; je la regardai, et tout disparut devant elle.

Claire vint frapper doucement à la porte de notre chambre. André nous attendait en bas avec la voiture. Il voulait conduire madame à son domaine, et me rendre compte, en chemin, de ce qu'il avait fait. On sait comment on éveille une femme qu'on adore. Je descendis, pendant que Colombe s'habillait.

André me mit au courant des moindres circonstances. Il attachait beaucoup d'importance à ce qu'il avait fait, et il avait raison. En s'occupant uniquement de mes intérêts, il avait développé une rare intelligence, et mon approbation devait être le prix de ses travaux. Je l'écoutai avec la plus grande attention : il m'était beaucoup plus facile d'être attentif le matin que le soir. Je lui donnai les éloges qu'il attendait, et dont il était digne.

Nous montâmes en voiture. André nous conta qu'il avait vendu pour trois mille livres de fer et de plomb : on aurait pu avoir l'idée de les convertir en mousquets et en balles au nom du roi, ou en celui du duc de Guise. De grands noms imposent toujours au vulgaire, et couvrent souvent la rapine et le meurtre. André philosophait en dirigeant nos ouvriers.

Nous arrivâmes à la tour. Je fixai Colombe, et je surpris sur ses lèvres un sourire de satisfaction. Elle voyait, sur une hauteur, une jolie et spacieuse maison, qui s'élevait comme par enchantement ; la ferme, solidement rebâtie, à une distance convenable ; un étang creusé au milieu d'un jardin qui déjà était tracé ; des allées, sinueuses et larges, ouvertes dans le bois ; le ruisseau qui sortait de l'étang pour aller se perdre dans un bosquet, qui promettait d'être délicieux, au retour du printemps. Le bras de Colombe était passé sous le mien ; je tenais sa main, je la caressais ; nos yeux se rencontraient à chaque objet nouveau qui se présentait à nous. J'interrogeais les siens ; ils répondaient amour et reconnaissance. « Ah, lui dis-je, tu ne me dois rien, » faire ton bonheur, c'est assurer le » mien. »

Maîtres, amis, ouvriers s'éloignèrent à l'heure du déjeûner. Le nôtre nous attendait à la maison. Là, je parlai de la nécessité de me rendre à Paris, et Colombe pleura ; de ma ferme volonté de ne me mêler de rien quand j'aurais terminé l'affaire qui m'y appelait, et Colombe sourit.

Après le déjeûner, j'accompagnai André à la tour. Il voyait tout de sang-froid, et j'étais bien aise de le consulter sur la démarche que j'allais faire. « Je suis bien loin, me dit-il, de » partager l'admiration aveugle de cer- » taines gens pour ce duc de Guise. On » le croit un grand homme; ses con- » tinuelles irrésolutions prouvent qu'il » manque d'énergie, en beaucoup de » circonstances, et cette qualité est la » première que doit posséder un usur- » pateur. »

« Il affecte de contredire le roi et de » le braver publiquement. Cette con- » duite peut satisfaire sa vanité, et ne » le conduit à rien : elle le perdrait au » contraire, si Henri III n'était le plus » nul des hommes. Il est difficile de pré-

» voir le dénouement d'un drame qui » dure depuis si long-temps; mais quel » qu'il soit, il doit être très-dangereux, » pour un particulier, de se faire un » ennemi du duc de Guise. Je vous » conseille de suivre votre projet. »

Nous parlâmes ensuite de cette faction nouvelle qui se formait dans Paris. André convint avec moi qu'elle devait être opposée au duc de Guise, puisque ce prince n'en connaissait pas les chefs. Il nous parut plus que douteux que ce parti fût dans les intérêts du roi. Il faut de l'or pour remuer le peuple, ou lui inspirer cet enthousiasme, qui le soumet aveuglément à ceux qui le dirigent. Or, le roi n'a pas d'argent, et il est méprisé. Quelle influence peut-il exercer par sa naissance, ou ses qualités personnelles? Quel est-il enfin? Le rebut de tous les partis. Qui donc possède des trésors dans Paris, et veut les sacrifier à son ambition? Toute la question était là; mais nous ne pûmes la résoudre.

Le duc de Guise devait m'attendre depuis plusieurs jours, et on ne l'indisposait pas impunément. Colombe me comblait de caresses, quand je parlais de monter à cheval, et je m'oubliais auprès d'elle. André entreprit de lui persuader que la continuité de notre bonheur tenait à l'exécution des ordres que j'avais reçus à Limoges. Ses raisonnemens étaient forts et serrés; mais l'amour ne sait bien entendre que ce qui le flatte. Colombe résista, pleura, pria, supplia. Pouvais-je lui résister?

Le reste de la journée s'écoula dans des scènes d'enchantement : on aime plus fortement encore, quand on se quitte pour la première fois.

CHAPITRE VII.

Faction des Seize. Second voyage à Paris.

Je dormis peu, et à la pointe du jour, je sortis du lit conjugal. Je m'habillai dans le plus grand silence, et à chaque instant mes yeux caressaient le doux objet, que le sommeil semblait embellir encore. Je brûlais de lui donner le baiser d'adieu : je l'aurais éveillée, et je ne serais pas parti. Je m'arrachai de cette chambre, temple de l'amour heureux, où Colombe allait se trouver seule.

La porte de la rue était fermée, et j'entrai dans le cabinet de Claire, pour y prendre la clef. Elle n'était pas chez elle. André m'avait fait observer qu'une jolie figure récrée toujours la vue, ne coûte pas plus qu'une autre, et qu'il n'avait pas de Colombe. Il ne me fut pas difficile de deviner où je trouverais Claire; mais il est des choses qu'il faut avoir l'air de ne pas voir, lorsqu'elles ne nuisent à personne. La charité, d'ailleurs, nous ordonne d'éviter le scandale, et de laisser porter à chacun le poids de ses péchés. Eussais-je pensé ainsi, si le pécheur eût été tout autre qu'André? J'en doute un peu.

Comment faire?... Hé, sortir par une fenêtre du rez-de-chaussée.... Mais sera-t-il présumable que j'aie pris ce parti, avant que d'avoir voulu me procurer la clef de la porte? J'appelai André, de la salle à manger, au risque d'éveiller Colombe. Le pis-aller était de passer encore cette journée auprès d'elle, et je m'y serais facilement résigné. On dort peu pendant la nuit qui précède une séparation, et l'heure du repos avait sonné pour ma Colombe. Elle n'entendit rien.

André ne se fit pas long-temps attendre. Il descendit à demi habillé. Je lui dis que je n'avais pas voulu partir sans lui dire adieu, et je le priai de m'ouvrir la porte. Il alla prendre la clef, chez lui, chez elle, n'importe, et je fus à la tour faire seller mon cheval.

Je m'arrêtai devant notre maison d'Arpajon. Rien n'était ouvert encore. Je fus tenté, vingt fois, de descendre, et de frapper à la porte. J'eus le bon esprit de sentir que plutôt je partirais, plutôt je serais de retour. J'envoyai à Colombe un dernier baiser, et je piquai mon cheval, en m'écriant, comme César lorsqu'il passa le Rubicon: Le sort en est jeté.

J'allai loger chez Mortier, rue Saint-Antoine. Je m'étais trouvé bien chez lui, et je contracte facilement des habitudes.

Je suis très-communicatif, et c'est souvent un défaut. Il me fut utile dans cette circonstance. En m'habillant, je parlais à Mortier du parti qui se formait dans Paris. Il ne savait rien; mais il était partisan du duc de Guise, sans trop savoir pourquoi. Il n'avait que du bon sens, et quelquefois on fait plus avec cela qu'avec tout l'esprit des membres de la pléïade française.

« Je vais vous parler contre mes in-

» térêts, me dit-il; mais je m'estimerais » heureux d'être indirectement utile au » duc de Guise. Remontez à cheval, et » allez descendre au coin de la rue de » la Mortellerie, vis-à-vis Saint-Gervais. » Vous y trouverez un très-bon cabaret, » tenu par un nommé Sanchez, vieil » Espagnol, qui s'est établi là depuis » peu de temps. On assure que sa » maison est ouverte toute la nuit, et » qu'il s'y tient des assemblées secrètes » et nombreuses. Or, les créatures du » duc de Guise se montrent à visage » découvert, et celles du roi ne sont » pas encore réduites à se cacher. On » soupçonne à Philippe II des vues di- » rectes sur la couronne de France. Il » est possible que son ambassadeur » trame quelque chose dans Paris, et » que Sanchez soit un de ses agens su- » balternes.»

André, avec toute sa finesse, et moi avec ma pénétration, nous n'eussions pas été frappés en un mois de ce trait de lumière. Je payai Mortier généreusement; je cherchai, et je trouvai l'enseigne du grand Saint-Laurent.

Sanchez me regarda, quelque temps, avec de grands yeux, qu'ombrageaient de longs sourcils blancs. Il me demanda enfin ce que je voulais. Je lui répondis que j'arrivais de province, et je lui demandai, à mon tour, si on avait des nouvelles de Madrid. Il me regarda plus attentivement encore. Il réfléchit, et me dit qu'il n'avait de correspondant, en Espagne, qu'un parent, qui demeurait à Séville. Je le priai de me loger; il me répondit qu'il vendait du vin, de l'eau-de-vie, et qu'il ne logeait personne. Je retournai chez Mortier, persuadé que la maison de Sanchez était le théâtre d'une intrigue espagnole.

Je n'étais pas disposé du tout à partager, avec Mortier, les avantages de cette découverte, et c'est à lui seul que je la devais! mais si une éternité de gloire et de félicité doit être l'unique objet de tous nos vœux, il ne nous est pas expressement défendu de cueillir quelques fleurs, pendant notre passage dans cette vallée de misère.

Je ne dis à Mortier que des choses tout-à-fait insignifiantes, et je me rendis chez le duc de Guise. Il avait ordonné qu'on m'introduisît dès que je paraîtrais.

Il me reçut avec hauteur, et de l'air le plus mécontent: je m'y attendais. Il me demanda d'un ton sévère, ce que j'avais fait depuis que j'avais quitté M. de Mellac. Je lui répondis que j'étais à Paris depuis quatre jours, et que je n'avais pas voulu me présenter, sans avoir quelque chose de satisfaisant à lui annoncer. Je priai, mentalement, mon patron de me pardonner un mensonge, que ma position avait rendu indispensable.

Il ne faut rien faire à demi avec les grands : on perd leur confiance en hésitant, sur quelque sujet que ce soit; on la fixe avec de l'audace. Je ne balançai pas à assurer le duc, que le roi d'Espagne intriguait à Paris; que Mendoza, son ambassadeur, était son agent principal, et le vieux Sanchez un intermédiaire entre l'ambassadeur et les factieux de classes inférieures. Je ne m'exposais pas en nommant Mendoza : il fallait bien qu'il jouât le premier rôle dans cette affaire.

A mesure que je parlais, la figure

du duc reprenait l'expression de la bienveillance, qui lui faisait tant de créatures, et qu'il croyait propre à m'encourager. Il avait écrit à Mellac que je serais l'instrument aveugle de ses volontés, et il n'avait plus une pensée qui m'échappât : je le tenais.

Je conclus, de plusieurs phrases assez obscures, qu'il avait chargé quelques seigneurs d'épier les démarches de Mendoza, et qu'ils n'avaient rien découvert. Cela était tout simple : l'ambassadeur voulait paraître oisif; il donnait des dîners et des bals pendant le jour; ces Messieurs ne pouvaient passer la nuit dans son palais, et leur rang ne leur permettait pas de surveiller les portes extérieures.

Le duc termina un discours qu'il crut très-flatteur pour moi, en me marquant sa satisfaction, et en me recommandant de ne pas perdre de vue le cabaret de Sanchez.

J'avais assez fait pour que le duc crût à mon activité, et je pouvais lui dire, plus tard, que je n'avais rien découvert. Cet aveu eût tout terminé entre nous. Il eût promptement oublié un jeune homme, qui ne lui était plus utile, et je n'attendais, je ne voulais rien de lui.

Je repassai devant la maison de Sanchez, et je n'y vis personne. Je n'étais pas disposé à perdre, sur le pavé de Paris, des nuits que je pouvais rendre délicieuses. Cependant j'étais Français. Il était certain que le roi n'aurait pas d'enfans, et Henri de Navarre, son héritier présomptif, était en horreur a tous les bons catholiques. Le duc de Guise était naturalisé Français, et, toutes réflexions faites, je crus ma conscience engagée à lui donner les moyens de déjouer les projets d'un monarque étranger. Philippe II, ou sa fille Eugénie s'assoierait sur le trône de France! Cette pensée me faisait frissonner; mais Colombe était à Arpajon. Je remontai à cheval, et j'y retournai au galop.

Après les premiers épanchemens, je communiquai à André mes dernières réflexions sur le danger où était la France de subir le joug de l'Espagne. « Hé, Monsieur, me dit-il, que vous » importe tout cela? De quelque ma- » nière que les choses tournent, nous » aurons toujours un berger, et ce » berger-là aura des chiens pour nous » pincer les gras de jambes. Laissez » gronder le tonnerre; faites l'amour, » et vivez heureux. Il a raison, s'écria » Colombe! Par saint Antoine, je le

» crois, lui répondis-je, » et je ne pensai plus qu'à vivre, en homme opulent, auprès de ma charmante petite femme.

Le troisième jour, un homme se présenta chez nous. Il était porteur d'un billet qui ne contenait que ces mots : Que faites-vous à Arpajon ? — Tremblez. Le porteur disparut.

André avait lu, avec moi, les dépêches dont le duc de Guise m'avait chargé pour Limoges. Nous reconnûmes son écriture. Comment, nous demandâmes-nous, a-t-il su que je vivais à Arpajon, étranger aux orages politiques?. Ah, il m'a chargé d'épier les habitués du cabaret de Sanchez, et un être obscur l'a été de suivre mes moindres démarches. Qui sait si un troisième n'a pas reçu l'ordre de s'assurer de la fidélité du second?

« Monsieur, me dit André, ce billet

» change tout-à-fait votre position. Il » ne suffit plus de renoncer aux faveurs » du duc de Guise ; il faut éviter la per- » sécution. Un torrent renverse tout » ce qui lui résiste ; il arrose l'ormeau » qui ombrage sa source. Retournez à » Paris. — Mais, André, les factieux » ne se rassemblent chez Sanchez que » la nuit, et qu'elles seront longues et » froides celles que je passerai à Paris ! » Colombe me serra dans ses bras, et couvrit mes joues de ses larmes.

« Madame, lui dit André, faire » quelques concessions, est souvent » l'unique moyen de ne pas tout perdre. » — Mon Antoine, Mortier peut-il » nous donner une chambre? — Voici » la clef de la mienne. — Je la parta- » gerai avec toi. — Tu y seras gênée, » tu y manqueras de bien des choses. » — N'ai-je pas tout, quand je suis près

» de toi? Madame a raison, reprit André. L'amour trouve partout des autels. Partez ensemble ; Claire et moi » nous veillerons à vos intérêts. » Le coquin !

Mortier devina d'abord que la dame qui m'accompagnait, était cette Colombe dont je parlais seul, quand je ne trouvais personne qui voulût m'écouter. Je l'avais dépeinte à Mortier comme la plus belle des femmes, et il n'était pas possible qu'il se méprît.

Il joignit un cabinet à ma chambre ; il s'engagea à nous traiter comme des princes, et il attacha une de ses filles à Colombe.

Tout allait bien jusque-là ; mais je ne devais sortir que la nuit, et je n'étais ni infatigable, ni patient. Ma bien-aimée répondit à cette observation qu'elle se coucherait le matin. Elle se prêta à tout, avec une résignation et une douceur angéliques.

Le duc de Guise ne voulait pas attendre. et je résolus de commencer mes courses le soir même. Colombe voulut que je me reposasse avant que d'entrer en campagne. J'étais toujours prêt à me rendre à cette invitation-là, depuis que je l'avais retrouvée, parce que tout nous était commun. fatigue. repos et plaisirs.

Ma mission était périlleuse. Sanchez m'avait vu et parlé. quelques jours auparavant. S'il s'apercevait que j'observasse sa maison, il pouvait me faire faire un mauvais parti. Je priai Mortier de me prêter un costume, qui pût me rendre méconnaissable. Je sortis à dix heures du soir, et j'entrai avec assurance au cabaret du grand Saint-Laurent. J'y demandai du vin.

On me servit dans une première pièce. où étaient quelques hommes qui me parurent être là, uniquement pour le plaisir de boire. Leur conversation était gaie, et roulait sur des objets indifférens. Mais, dans le fond, était une pièce, éclairée seulement par la faible lueur d'une lampe, et dont la porte s'ouvrait rarement. J'y remarquai cependant quelques personnages. qui paraissaient occupés d'affaires très-sérieuses. Il me parut que les bouteilles qu'ils avaient devant eux, ne leur avaient été apportées que pour leur servir de maintien.

« Vous ne buvez pas, me dit Sanchez. Mon vin est pourtant bon. Vous » avez les yeux partout, et je n'aime » pas cela. Qu'êtes-vous venu faire ici? » — Boire au roi d'Espagne et à l'Infante, si quelqu'un veut trinquer

» avec moi. — Je suis votre homme. »

Il continua à me faire subir, le verre à la main, un interrogatoire, qui finit par m'embarrasser beaucoup. Il me demanda les motifs de l'intérêt que je portais au roi d'Espagne, et pourquoi j'avais préféré sa maison à une autre. Il fallait lui faire une histoire, et je n'y étais pas prépare. J'hésitai, je balbutiai...... Il frappa dans ses mains.

Trois des buveurs, qui étaient à côté de nous, se levèrent, en faisant des gestes, qui m'annoncèrent clairement leur dessein. J'étais sans armes; mais fort heureusement, je ne perdis pas la tête. Aussi prompt que mes assaillans, je leur jetai aux jambes quelques tables qui étaient autour de moi; je pris Sanchez par sa fraise, je le lançai sur ses sbires, et je sautai dans la rue.

Cette scène pouvait faire changer le lieu des réunions, et porter les factieux à prendre des mesures propres à déjouer les ruses des plus fins. Il fallait rétablir la confiance. Je courus chez Mortier, et je lui fis sa leçon. Il enviait la prospérité de Sanchez, et il suivit exactement mes instructions.

J'étais son porteur de marée, à qui un coup de pied de mulet, sur le crâne, avait dérangé le cerveau : j'étais destiné à passer pour fou, dans toutes les crises violentes auxquelles je m'exposais. Je conviens que le mérite de l'invention appartenait tout entier à André. Ma manie était d'entrer dans tous les cabarets, d'y demander du vin, et de ne pas le payer. Il est constant que Sanchez n'avait pas reçu la valeur de celui qu'il m'avait servi. Mortier, pour se débarrasser de moi, m'avait fait enfermer.

Je m'étais évadé vers le soir, et il m'avait cherché dans tous les cabarets du quartier.

Sanchez déclara qu'il m'avait vu; qu'il paraissait que Mortier me considérait encore comme étant à son service. et que les maîtres, répondant civilement pour leurs domestiques, il voudrait bien payer le vin répandu, les bouteilles et les tables cassées. Mortier répondit que cela était trop juste; il remit à Sanchez ce qu'il lui demanda, et il sortit en disant que s'il trouvait son homme, il le ferait serrer de si près qu'il ne lui échapperait plus.

La porte se ferma sur lui. Il s'en rapprocha quelques minutes après, et il écouta par le trou de la serrure. On remettait tout en ordre; il entendit le son de quelques sacs qu'on changeait de place, et qui prouvaient que l'indemnité que lui avait demandée Sanchez n'était que de pure forme. Enfin personne ne sortit avant quatre heures du matin. On n'avait donc conçu aucun soupçon.

J'avais commencé cette entreprise, pour m'acquitter envers le duc de Guise, à qui je devais Colombe. J'avais failli à me faire assommer, et ce prince n'aurait eu aucun reproche à me faire, si je n'avais pas poussé les choses plus loin. Mais mon amour-propre était blessé : j'avais été contraint de fuir devant Sanchez, et quelques drôles que j'eusse fait pâlir, si j'avais eu mon épée. D'ailleurs, je ne pouvais oublier la lettre écrite par le duc de Guise à l'évêque de Limoges. J'étais, selon lui, un être aveugle; mais il n'est pas de levier qu'on doive dédaigner. Je voulus lui faire connaître la force de ce levier-là.

Je recommandai à Mortier de ne rien dire à Colombe de la scène qui s'était passée chez Sanchez : elle m'eût aussitôt ramené à Arpajon. Je ne pouvais plus me présenter dans cette maison là. Il était clair que je devais changer ma marche, et il fallait imaginer un nouveau plan.

Je dis à ma séduisante compagne, que courir la nuit, et dormir le jour, était un genre de vie infiniment désagréable. Elle sourit, et m'embrassa. J'ajoutai que nous pouvions nous coucher de très-bonne heure, et que je me lèverais avant le jour, si elle approuvait ce nouveau plan. Elle s'en était formé un : c'était de souscrire à tout ce qui me conviendrait.

Je résolus de me rendre tous les

jours, à trois heures du matin, dans la rue de la Mortellerie, l'épée au côté, et mes pistolets dans ma poche; de suivre, les uns après les autres, tous les personnages marquans qui sortiraient de cette maison, de bien remarquer leur domicile, et d'aller, dans la journée, prendre, sur leur nom et leurs qualités, des renseignemens dans leur quartier. L'exécution de ces mesures devait prendre du temps, puisque je ne pouvais, chaque matin, suivre qu'un seul membre du comité espagnol. Mais j'étais décidé, et je m'armai de patience.

Il m'en fallut, en effet. Quelquefois je perdais de vue, au détour d'une rue, celui que j'observais depuis long-temps. Un autre jour, des charrettes qui commençaient à circuler dans Paris, m'en dérobaient un autre. J'enrageais; mais enfin je recueillis le prix de ma persévérance.

Après quinze jours de courses, plus ou moins infructueuses. je connus La Roche Blond, bourgeois de Paris; Jean Prévôt. curé de Saint-Séverin; Jean Boucher. curé de Saint-Benoit; Guillaume Rose, évêque de Senlis, et Mathieu De l'Aunay, chanoine de Soissons. Tous les soirs, ils s'assemblaient chez Sanchez. travestis, tantôt d'une manière. tantôt d'une autre. Sans doute, ils y rédigeaient le plan de la conspiration, et peut-être, les statuts, dont ils voulaient faire jurer l'observation à ceux qu'ils affilieraient à leur coupable société.

Mortier avait entendu résonner des sacs d'argent, qu'on avait paru changer de place. C'était une suite du désordre que j'avais causé dans le cabaret, car pendant mes quinze jours d'observation, je n'entendis rien de semblable. Mais le rapport de Mortier avait étendu mes idées; rien ne m'échappait, et j'avais remarqué que les conjurés portaient, en se retirant, quelque chose de volumineux sous leur manteau. Il est vraisemblable que c'étaient les doublons du roi d'Espagne, que Mendoza faisait tenir à Sanchez, et qu'il destinait à acheter des partisans à son maître.

Je me présentai devant le duc de Guise, avec mes conjectures, et ce que je savais de positif. « Vous vous êtes » très-mal conduit pendant quelques » jours, me dit-il; mais vous avez ré- » paré vos torts. Je vous prouverai ma » satisfaction, en vous accordant toute » ma bienveillance. » Je m'inclinai profondément devant monseigneur, et j'eus l'imprudence de lui dire que le plus faible levier soulève quelquefois de pesans fardeaux.

Il réfléchit un moment : « Cette » comparaison-là n'est pas neuve, me » dit-il ; il me semble que je la connais. » Au reste, vous l'avez heureusement » appliquée.

» Vous avez fait tout ce que j'atten- » dais de vous, et tout ce que vous » pouviez faire. Le reste me regarde. » Vous pouvez retourner à Arpajon. »

Je ne restai pas une heure dans Paris. Colombe, rayonnante de joie, sauta avec moi dans notre voiture, et nous rentrâmes dans nos modestes foyers, séjour de la paix, de la modération et du bonheur.

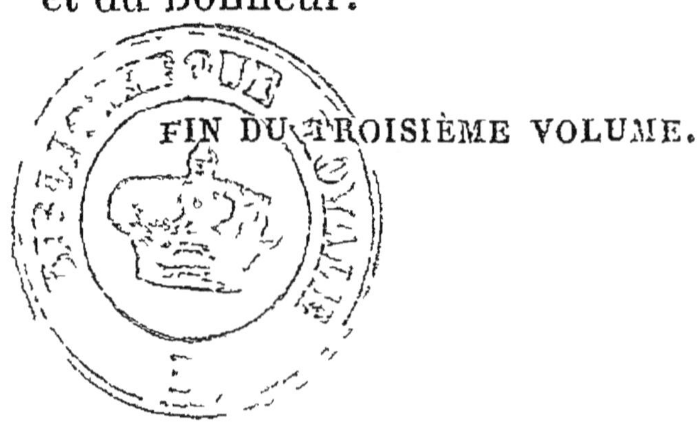

FIN DU TROISIÈME VOLUME.

TABLE

DES CHAPITRES CONTENUS DANS LE TROISIÈME VOLUME.

www.ingramcontent.com/pod-product-compliance
Lightning Source LLC
LaVergne TN
LVHW050509100826
845148LV00002B/272

* 9 7 8 2 0 1 2 1 9 5 6 0 8 *